POUR UN BAISER

OUVRAGES DU MÊME AUTEUR.

Pour un baiser. . . . . 1 vol.
Marcof le Malouin. . . . . 1 vol.
Le marquis de Loc-Ronan. . . . . . . 1 vol.
Le Capitaine Lachesnaye . . . . 1 vol.
Les Secrets de Maître Eudes. . . . . 1 vol.
Le Baron de Grandair. . . . . 1 vol.
Les Grottes d'Étretat. . . . . 1 vol.
Les Coups d'Épingle. . . . . 1 vol.
Surcouf. . . . . 1 vol.
Les Rascals. . . . . 2 vol.

Lagny. — Imp. de A. Varigault.

ERNEST CAPENDU

POUR UN BAISER

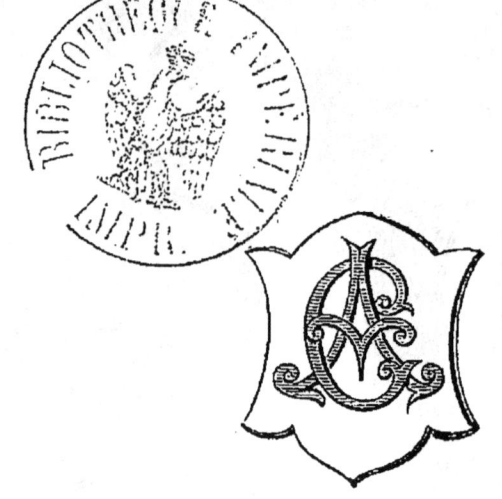

PARIS
ALEXANDRE CADOT, ÉDITEUR,
37, RUE SERPENTE, 37.

1864

POUR UN BAISER

I

A l'Opéra !

Le premier mercredi du mois d'avril 1862, on chantait *Guillaume Tell* à l'Académie impériale de musique.

Les loges du foyer, les loges du balcon, les premières loges de face ruisselaient de diamants aux feux étincelants, de robes aux mille couleurs, d'épaules nues, de bras blancs et ronds qu'embellissaient encore les cascades lumineuses du lustre, des candélabres et de la rampe se heurtant et se croisant avec ces effets d'une audace inouïe que ne se permet pas le soleil.

Dans l'ombre et sur le second plan, les habits noirs et les cravates blanches, tranchant sur les portières cramoisies, accomplissaient leur office accoutumé de repoussoir.

Un fait digne de remarque, mais facile à expliquer, c'est que la plupart des femmes qui perdent de leur éclat dans les théâtres de drames, gagnent prodigieusement en beauté dans les théâtres lyriques.

Dans les premiers, elles assistent à la représentation de scènes plus ou moins émouvantes lesquelles, agissant directement sur leur organisation nerveuse, les impressionnent et amènent sur leur physionomie des reflets lugubres et larmoyants qui en altèrent l'expression.

Dans les seconds, au contraire, les sensations qu'elles éprouvent parlent moins au cœur qu'à l'âme. Puis, ces sensations sont de nature douce et sereine, l'attendrissement est plus rare et le plaisir tout aussi grand.

L'action de la musique sur les nerfs auditifs développe une sorte de joie intérieure qui se reflète à la surface et vient ajouter encore à l'éclat naturel du visage.

Joignez à cela, la préoccupation de la toilette, le désir de plaire, la conscience de se sentir en but au feu des lorgnettes, l'espoir de devenir l'objet de l'attention générale et vous en arriverez facilement à donner l'explication de cette sorte de miracle, qui, dans cette grande salle de la rue Le Pelletier, rend plus belles les jolies femmes, plus séduisantes les moins jolies et les laides plus que passables.

A l'Opéra les soirs de belles représentations, le public se compose de plusieurs catégories aussi faciles à distinguer les unes des autres que si Cuvier ou Sawers se fussent chargés d'en établir la classification morale.

Deux grands genres d'abord : celui des abonnés et celui des spectateurs passagers, genres qui se subdivisent eux-mêmes chacun en une foule de familles.

Parmi les spectateurs passagers, c'est-à-dire le public qui a payé sa place au bureau, le public qui n'est pas venu l'avant-veille et qui ne reviendra pas le surlendemain, se trouvent d'abord les véritables amateurs de musique, des artistes pour la plupart, auxquels la fortune ne permet pas souvent l'entrée du sanctuaire et qui mettent plusieurs semaines à économiser la somme nécessaire à la location d'une place humble et modeste.

Pour ceux-là, la représentation à laquelle ils assistent est une fête réelle qui, pendant les jours qui la précèdent, les a fait vivre d'espérance et, pendant les mois qui la suivent, doit les bercer de doux souvenirs.

Viennent, en seconde ligne, les étrangers, les provinciaux pour lesquels le spectacle est tout autant et plus encore même dans la salle que sur la scène.

Peu leur importe l'œuvre exécutée. Ce qu'ils regardent, ce sont les peintures du plafond, les ornements des colonnes, la brillante clarté projetée par le nombre des becs de gaz, la beauté des décors et des costumes, la grandeur de la salle, la quantité des choristes, la longueur du cortége, et cœtera, et cœtera.

Ils ne tiennent nullement à dire : j'ai entendu ! — Ce qu'il leur faut, c'est pouvoir raconter plus tard en ajoutant : j'ai vu !

Puis les spectateurs appartenant à la classe de la bourgeoisie parisienne (deuxième degré). Ceux-ci se permettent l'Opéra une fois ou deux par année, à l'occasion d'une fête de famille, d'un anniversaire quelconque : mariage, naissance, association.

Ils ont tant entendu vanter les jouissances des *dilettanti* et les merveilles d'une partition nouvelle, qu'ils n'osent pas émettre leur opinion personnelle et affirment qu'ils goûtent un énorme plaisir, tout en se plaignant amèrement de ne pas entendre les paroles, ce qui ne leur permet pas de bien comprendre la situation musicale.

Pour parer à cet inconvénient, bon nombre achètent la brochure, la suivent attentivement et, pendant quelques merveilleuses vocalises de la prima dona, cherchent en vain sur le livret les paroles absentes.

L'acte du ballet vient, il est vrai, leur offrir une légère distraction, mais combien ils préféreraient rire sans contrainte, en écoutant une folie-vaudeville, ou larmoyer cinq heures consécutives en présence d'un drame à quintuple pression.

Quant au public d'abonnés, à ces élus de la terre auxquels la déesse capricieuse a permis d'avoir à l'année sa stalle dans un coin de l'orchestre ou sa loge une fois par semaine, quant à ce public, — il offre encore lui-même une assez grande variété dans sa composition.

Les abonnés des loges obéissent à une loi de la mode et ont leur lundi, leur mercredi ou leur vendredi parce qu'il est bien porté de se faire voir régulièrement à l'Opéra et d'avoir sa lorgnette en pension dans le vestiaire d'une ouvreuse.

Condamnez-les à entendre une partition dans une loge grillée où l'oreille seule pourra être de la partie, et le bureau de location du fond de la cour deviendra une sinécure pour le caissier.

La musique est un plaisir des plus secondaires, quand elle n'est pas subie comme un petit supplice.

Pour les femmes, chaque représentation est une simple question ou, pour mieux dire, une question très-composée de toilette et de parure.

C'est un de ces mille moyens employés pour faire parade d'une robe nouvelle, d'une garniture de corsage sortie récemment des ateliers de Froment-Meurice ou de ceux de Bassot.

C'est une occasion d'écraser une rivale et d'éveiller une jalousie mordante dans le cœur d'une amie intime.

Puis, à l'Opéra, on reçoit souvent dans sa loge des gens auxquels les portes du salon ne sont pas officiellement ouvertes.

C'est un danseur de l'hiver, qu'une circonstance fortuite ou qu'un hasard savamment combiné a conduit à l'orchestre et qui, pendant un entr'acte, vient saluer sa valseuse de prédilection. Et le monde n'a rien à trouver à dire à une telle visite, faite devant tous, sous les rayons splendides du lustre : un mari, quelque jaloux qu'il soit d'ailleurs, ne saurait s'en formaliser sous peine de ridicule,

Enfin, la sortie du théâtre elle-même n'est-elle pas un nouveau moyen d'étaler, sans préméditation apparente, toutes les beautés que la balustrade de la loge a contraintes à demeurer dans l'ombre !

Rien n'échappe aux yeux vigilants de ces messieurs qui, postés au bas de chaque escalier, assistent au défilé des bataillons de jolies femmes.

Et dans la foule qui se presse sur les marches et dans le vestibule, il est si facile à deux mains de se rencontrer, à deux regards d'échanger de douces promesses, à un tendre billet de quitter la poche d'un gilet pour passer dans l'étroite ouverture d'un gant paille, ou pour s'enfouir inaperçu dans les plis d'un mouchoir garni d'Angleterre.

Pour la partie féminine des abonnés, le plaisir ne se termine pas avec les dernières mesures du cinquième acte : il se prolonge de toute la durée de l'attente obligée des voitures que chaque valet de pied cherche, dans les rues adjacentes, avec une lenteur et une nonchalance au-dessus de tous éloges et dont profitent habilement les soupirants heureux ou malheureux, les adorateurs accueillis ou repoussés, toute la classe enfin de frelons amoureux.

Quant à la partie masculine des locataires des loges, elle se compose, en général, de personnages revêtus de caractères plus ou moins officiels, de représentants de grandes fortunes, d'hommes sérieux qui acceptent une soirée passée à l'Académie impériale de musique comme une distraction aux travaux qui les accablent : population insignifiante aux yeux de la salle, dont tout le mérite consiste, à l'Opéra bien entendu, dans la beauté de leur femme, dans la grâce de leur fille, dans la coquetterie de leur sœur ou de leur nièce.

Je ne classerai pas dans cette catégorie les habitants des loges de club qu'il faut ranger, à cause de leurs mœurs et de leurs habitudes, dans la famille qui forme le genre des *abonnés de l'orchestre.*

L'orchestre : c'est l'autorité de l'Opéra et cette partie de la salle est divisée moralement, comme elle l'est matériellement par une barre de velours rouge.

Ce que messieurs les abonnés entendent par le mot: *orchestre*, n'est, à bien prendre, que ces deux petits promontoires qui échancrent de chaque côté le quadrilatère réservé aux instrumentistes et s'avancent sur lui, comme deux caps dans l'Océan. (Jadis il y avait une banquette de plus dont la suppression a failli causer une émeute dans le foyer de danse.)

Il y a, par conséquent, le *coin de droite* et le *coin de gauche*... Telles sont les dénominations consacrées.

Le *coin de gauche* (en regardant la scène) est, sans contredit, le plus sage, le plus tranquille, quoique le plus jeune.

Ses abonnés forment une espèce de population flottante dont les plus anciens comptent peu d'années de service. Ils s'occupent un peu de musique, convenablement de danse, mais beaucoup de ces belles épaules demi nues qui resplendissent dans l'encadrement des loges, de ces têtes éblouissantes de beauté et de pierreries qui se penchent souvent sur la balustrade pour permettre à deux jolis yeux de glisser un regard sur le petit coin favorisé.

L'attention du *coin de gauche* est constamment partagée entre la scène et la salle, et les beautés du corps de ballet se voient souvent dédaignées pour les reines des loges du foyer ou celles des loges du balcon.

Aussi est-il rare de voir ces demoiselles retomber en position sur le côté droit de la scène.

Le *coin de droite*, au contraire, n'a d'attention, d'affection, de sympathie que pour la scène... lorsque la scène est tenue par le corps de ballet.

Le *coin de droite*, c'est le poste où stationne invariablement la vieille garde, les habitués à chevrons qui datent leurs premières campagnes de la direction Véron et qui depuis vingt ans essuient, sans sourciller, le feu de la rampe.

C'est là que se font les succès qui doivent amener la signature d'un engagement. C'est là où l'on discute gravement si la petite X*** doit sortir des chœurs pour passer dans les choryphées ou quitter les choryphées pour essayer un pas de quatre. — C'est là que l'on échange, chaque soir de représentation, les nouvelles scandaleuses des coulisses. — C'est là que naissent les cancans qui feront le tour du foyer de la danse. C'est là enfin que se font et que se défont les réputations de ces demoiselles.

Aussi, comme chaque sylphide, retombant en position, a un gracieux sourire et un doux regard pour ce petit coin à l'aspect vénérable.

C'est que toutes ces demoiselles savent bien que pour leurs amis de l'orchestre, la musique n'est rien et que la danse est tout !

C'est l'aréopage du ballet qui a planté là sa bannière, et la loge du club elle-même, cette *fosse aux lions* à la renommée splendide, cette *loge infernale*, qui n'a rien d'infernal, pas même l'apparence, est loin de pouvoir lutter en influence avec le vieux bataillon sacré.

Comment, en effet, entrer en lice avec ces mains qui ont tour à tour applaudi, depuis un quart de siècle, toutes les célébrités successives de la danse, qui ont soutenu les débuts de toute nouvelle Terpsychore ?

Les abonnés du *coin de droite* sont toujours demeurés fidèles à leurs stalles, comme ces vieux sénateurs romains rivés à leurs chaises curules.

Les révolutions, les changements de gouvernement, les années elles-mêmes ont passé sur eux sans pouvoir les faire varier.

La chevelure a changé de nuance, mais le cœur est demeuré jeune et peut-être, même, a-t-il rajeuni.

Maintenant, si l'on demande pourquoi ces messieurs ont choisi de préférence la droite de l'orchestre, c'est que la porte de communication entre l'intérieur de la salle et celui de la scène, l'ouverture par laquelle les élus pénètrent dans l'Eden, l'huis qui s'entrouvre discrètement sous la garde de Cerbère pour laisser accessible l'entrée des bienheureuses coulisses, est également situé à la droite du spectateur, un étage plus bas que l'orchestre,

Est-ce cette proximité, cette facilité de communication rapide qui a établi entre le corps de ballet et le *coin de droite* la douce harmonie qui règne?

Est-ce au contraire le résultat d'une prédilection établie d'avance qui a conduit ces messieurs à s'installer près de l'entrée des coulisses?

Voilà ce qui aujourd'hui est difficile à expliquer.

Toujours est-il que pendant les actes privés de ballet, le petit *coin de droite* est à peu près désert, qu'il ne se remplit qu'à la première mesure de la danse et qu'il se trouve promptement réduit à sa solitude antérieure après la disparition de la dernière sylphide.

Que deviennent les abonnés durant le temps de ces éclipses?

L'ange gardien qui veille à la petite porte du *dessous* pourrait donner d'amples renseignements à cet égard.

Un fait qu'il est de toute justice de constater c'est que du bon entendement qui règne entre le corps de ballet et le bataillon de la vieille garde, résulte pour ces demoiselles la faveur inappréciable d'être traitées de *petites* et d'*enfants* jusqu'à l'âge de trente-cinq ans (inclusivement).

Il est vrai de dire que les amis qui les nomment

ainsi pourraient, en général, et à bon droit, s'intituler leurs grands-pères, mais l'avantage n'en est pas moins incontestable et surtout incontestée.

Et maintenant que nous avons passé la salle en revue, asseyons-nous et écoutons le premier acte de *Guillaume-Tell*.

II

Le coin de droite.

Le rideau venait de tomber sur l'admirable final. Le *coin de droite* de l'orchestre était naturellement devenu presque désert.

Presque désert, car toutes les stalles étaient veuves de leurs locataires, à l'exception d'une seule située sur le troisième rang et voisine de la porte de sortie.

Cette stalle était occupée, depuis le commencement de la soirée, par un jeune homme de trente à trente-cinq ans environ, à la physionomie franche et martiale.

Évidemment ce jeune homme avait été conduit

par le hasard dans cette partie de la salle, et n'appartenait pas au club des abonnés, car, lors de son entrée à l'orchestre, il n'avait salué personne et, durant le premier acte, il n'avait échangé aucune parole avec ses voisins.

Le rideau baissé, il s'était levé et, sa lorgnette à la main, il avait commencé l'exploration de la ceinture de jolies femmes qui rayonnait au-dessus de sa tête.

La position qu'il avait prise permettait de constater la richesse de sa taille. Ses manières, sa tournure, sa pose même, empreintes de distinction, renfermaient cependant ce quelque chose d'indéfinissable et d'un peu rude qui décèle au premier coup d'œil l'homme habitué au commandement.

On devinait que sa main gauche, en s'appuyant sur la hanche, avait coutume d'y rencontrer la garde d'une épée.

Ses cheveux coupés très-courts, sa moustache noire et coquettement lissée, ses grands yeux au regard fin et impératif s'harmonisaient merveilleusement avec la teinte chaude et bistrée qui colorait son visage.

Enfin son habit, boutonné étroitement sur sa poitrine et portant à son revers la rosette d'officier de la Légion d'honneur, achevait de donner à toute sa personne le cachet militaire qui lui semblait propre.

Ce jeune homme était chef d'escadron d'état-major et se nommait Robert de Montnac. C'était un excellent soldat.

Depuis les dernières guerres européennes, il était retourné en Afrique pour s'entretenir la main, et en ce moment, il était en congé à Paris.

Il venait de terminer l'exploration des loges de balcon de droite et celle des loges du foyer, lorsqu'en se tournant un peu vers les loges de balcon de gauche, il reconnut, dans la première, un de nos plus illustres maréchaux sous les ordres duquel il avait servi dans la province d'Oran, alors que le maréchal était simple général.

Robert s'inclina en réponse au salut affectueux que lui envoyait le maréchal de France, puis il se mit en devoir de continuer son examen.

La loge suivante était vide. C'était la seule de toute la salle.

Robert allait passer outre, lorsque la porte du fond s'ouvrit et qu'une jeune femme parut dans l'encadrement de l'ouverture du petit salon.

Cette femme de taille moyenne, plutôt même petite que grande, portait fièrement une adorable tête à l'expression vive et ardente.

Et qu'on ne m'accuse pas de barbarisme quand je dis : *expression de la tête,* car je veux parler de l'expression de l'ensemble, bien plus que de celle du visage.

Cette jeune femme, qui paraissait avoir plus de vingt ans et n'en pas avoir atteint vingt-huit, fit quelques pas en avant dans la loge et la lumière du lustre, tombant d'aplomb sur elle, permit à Robert d'admirer la beauté des détails de sa gracieuse personne.

Ses cheveux bruns tout parsemés de petits papillons aux ailes de diamants et au corps d'émeraude, de rubis et de saphir, se relevaient gracieusement en découvrant des tempes nacrées et un front uni comme le marbre.

Ses grands yeux bleus, abrités sous des cils longs et frisés qui tempéraient l'éclat du regard, étaient surmontés de sourcils arabes à l'extrémité fine et arquée.

Le nez droit, aux narines d'opale, s'arrêtait au-dessus d'une petite bouche au sourire gracieux et doux.

L'ovale du visage, un peu court, donnait à la physionomie une expression vive et piquante, mais nullement dénuée de distinction.

Une sortie de bal fond noir, toute constellée de

palmes d'or et doublée de peluche cerise, ne permettait pas d'admirer les richesses de la poitrine, mais laissait à découvert un bras blanc et rond terminé par une main patricienne.

Un bracelet de diamants au fermoir d'émeraude dissimulait à peine la ténuité aristocratique du poignet.

Au-dessous des franges de la sortie de bal, on apercevait les volants d'Angleterre de la jupe retombant sur une robe de moire antique blanche.

La jeune femme, arrivée sur le devant de la loge, écarta un siége, et s'installa sans jeter un seul regard sur le personnage qui la suivait.

Celui-ci était un homme de quarante ans, d'une beauté masculine remarquable.

Sa chevelure et sa barbe noires tranchaient sur son teint mat et pâle.

L'ensemble de sa physionomie présentait un caractère énergique et même un peu dur, rendu plus sévère encore par l'éclat de ses yeux noirs largement ouverts.

Mis avec une simplicité pleine de goût, cet homme était non-seulement beau; mais parfaitement distingué dans toute sa personne.

Dès que sa compagne fut installée sur le devant

de la loge, il demeura debout derrière elle, promenant autour de lui un regard fier et hardi.

La jeune femme releva ses cheveux, respira son bouquet, le posa sur le rebord de la loge et dégraffant sa sortie de bal, elle la tendit, avec un mouvement empreint d'une gracieuse nonchalance, à celui qui paraissait être son mari.

Robert put alors admirer à son aise des épaules de Diane chasseresse, aux fossettes mignonnes, et les attaches d'un col élégant, disparaissant à demi sous une énorme rivière de diamants.

— Corbleu ! la jolie femme ! — murmura-t-il en essuyant les verres de sa lorgnette.

Au moment où il reportait l'instrument d'optique à ses yeux impatients de renouveler l'ivresse de la contemplation, il sentit une main s'appuyer doucement sur son épaule.

Robert se retourna vivement.

— Sir Williams ! — dit-il avec un visible mouvement de joie et en tendant les mains à un nouveau personnage qui, pendant que Robert était absorbé dans sa contemplation, avait pénétré dans l'orchestre et pris place dans la stalle voisine de celle occupée par le chef d'escadron.

— Moi-même, mon cher commandant, — répondit le nouveau venu, homme de taille moyenne mince et élancée, dont l'âge paraissait être le même que celui de M. de Montnac, et dont les cheveux blonds, les favoris de nuance un peu plus claire, encadraient un visage d'un aspect calme et froid.

Une certaine hauteur, tout aristocratique, se lisait dans les regards profonds et incisifs de ses yeux bleu foncé.

— Depuis quand donc êtes-vous à Paris? — dit Robert dont l'étonnement n'était pas encore dissipé.

— Depuis quinze jours environ et j'étais loin de m'attendre au plaisir de vous y rencontrer. Vous avez donc abandonné votre chère province d'Oran? Vous êtes attaché à l'état-major de Paris?

— Non pas. Je suis fidèle à l'Afrique. Je viens passer ici un congé de semestre et ensuite...

— Vous retournerez là-bas?

— Sans doute. Je ne pourrais pas m'habituer à cette existence de bureaucrate que mènent ici les officiers d'état-major. J'aime l'espace, le grand air et les émotions. A défaut de grande guerre en Europe, il me faut l'Afrique avec ses déserts et ses tribus insoumises.

— Oui. C'est quelquefois amusant, témoin notre expédition dans le Sud...

— Et notre affaire de Sidi-bel-Abbès dans laquelle

vous avez fait preuve d'un sang-froid et d'un courage qui nous ont tous émerveillés...

— Pourquoi ? Je n'ai fait que ce que vous faisiez tous.

— Sans doute. Mais nous accomplissions notre devoir de soldat, nous !...

— Eh ! mon cher Robert, vous autres militaires vous avez le tort de paraître toujours surpris, lorsque vous ne rencontrez pas un poltron chez l'homme qui ne porte pas un uniforme.

— A Dieu ne plaise, que nous pensions ainsi, sir Williams.

— Pas vous peut-être, mais à coup sûr les trois quarts de vos camarades et la preuve c'est que ces messieurs ont été émerveillés de ne pas me voir trembler pour quelques balles qui me sifflaient aux oreilles... Parbleu ! vous me le disiez dans l'instant.

— Vous m'avez mal compris, mon cher ami, ou plutôt, comme vous prenez toujours à tâche d'amoindrir vos propres actions, vous voulez mal comprendre. Mes camarades et moi n'avons nullement été surpris de rencontrer en vous un homme de cœur, mais nous avons pu être étonnés, à bon droit, de voir un homme tel que vous et dans votre manigfique position, risquer sa vie avec une semblable insouciance quand il ne voyait pas dans l'avenir, pour prix de son courage, une de ces distinctions de grade ou de ruban auxquelles nous autres soldats attachons une telle importance.

— Raison de plus pour ne pas me prodiguer vos éloges.

— Comment cela ?

— Mais songez donc, mon cher ami, qu'en agissant ainsi, je me faisais plaisir à moi-même. J'étais parfaitement égoïste. Vous vous battiez, vous autres, pour le pays, pour le drapeau, pour la gloire, et moi je me battais par simple distraction, pour m'amuser! Et puis, réfléchissez! Comment donc vouliez-vous que j'éprouvasse fût-ce une ombre de frayeur, lorsque je voyais l'ennemi face à face, en rase campagne, en plein soleil et que je me sentais au milieu de ces braves soldats de la France qui sont bien, je le confesse, les meilleurs guerriers du monde connu? Mon cher commandant, je ne puis accepter vos félicitations, à moins toutefois que vous ne me complimentiez à propos du bonheur qui a conduit ma main vers une autre main aussi loyale que la vôtre. Si cela est, j'applaudis de grand cœur. On se battrait volontiers, Robert, si le prix du courage était toujours l'amitié d'un homme tel que vous.

— Williams! — interrompit le jeune officier, en

serrant avec effusion les mains du gentleman.

— Ma foi! — reprit celui-ci en souriant doucement, — vous pouvez m'en croire : En fait d'amitié, j'ai toujours admiré la conduite de ce philosophe dont parle Lucien.

— Quel philosophe?

— Attendez-donc! Il se nommait Abbancas, je crois.

— Et que fit-il?

— Figurez-vous, mon cher, que pendant un incendie qui dévorait sa maison, il préféra sauver des flammes son ami, plutôt que sa femme et ses enfants. Savez-vous la réponse qu'il fit aux reproches que lui attira une telle préférence?

— Je vous avoue que j'eusse été fort embarrassé à sa place, si j'eusse agi comme lui. Que répondit-il?

— Ceci; écoutez bien! « J'ai préféré tirer des flammes mon ami, parce qu'il est plus difficile de retrouver un ami véritable que de retrouver une seconde femme et d'en avoir des enfants. » Qu'est-ce que vous en pensez?

— Je pense que votre Abbancas était essentiellement égoïste et très-mauvais père.

— C'est possible, mais je le maintiens fort sage.

— Je doute que sa sagesse ait beaucoup d'imitateurs et vous, Williams, vous ne pouvez être compétent dans la question puisque vous n'êtes pas marié et que moi, que vous honorez du titre de votre ami, je n'ai nullement l'intention de me jeter dans une fournaise. Vous admettez bien que l'on doive avant tout secours aux faibles.

— Mais peut-être que les enfants du philosophe étaient grands et forts et son ami débile et faible.

— Et sa femme ?

— Mon cher, vous dépoétisez une belle action.

— Non, je la raisonne.

— C'est ce que je voulais dire. — Enfin, supposez que le feu éclate tout à coup dans la salle de l'Opéra, ce soir même. Que feriez-vous ?

— Ce que je ferais ?

— Oui...

— Vous connaissant aussi bien que je vous connais, Williams, c'est-à-dire pour l'un des hommes les plus énergiques et les plus calmes en présence d'un danger quel qu'il soit, je vous dirais : Sauvez-vous, ami, ne vous occupez pas de moi ! puis je m'élancerais à travers la salle...

— Pour vous sauver vous-même ?...

— Non ! mais pour arracher aux flammes l'une des plus adorables créatures que mes yeux aient jamais contemplées !

— Mon cher commandant, vous parlez en ce moment comme un jeune premier de vaudeville. Seriez-vous amoureux par hasard ?

— Non, Williams, mais parmi toutes ces femmes qui décorent les loges, il en est une...

— Qui a fait vibrer dans votre cœur une corde que vous croyiez brisée. Vous voyez que j'abonde dans le style en question. Heureusement qu'il n'y a personne autour de nous pour nous entendre. Sans cela on nous prendrait pour deux hommes commettant un feuilleton.

— Vous plaisantez sans cesse !

— Parce que je prends la vie au sérieux.

— Admettez-vous donc que l'amour puisse éclater d'une façon instantanée ?

— Comme un coup de sang ou une fièvre chaude ? Certes !

— Allons donc ! Vous vous moquez !

— Mon cher Robert, — répondit sir Williams en prenant un air plus grave et en cessant de sourire,— la définition de l'amour par rapport à la cause qui le fait naître, est une question de haute philosophie que les hommes n'ont pas encore pu résoudre. Chacun a une opinion à soi sur ce sujet délicat. Voulez-vous connaître la mienne ?

— J'écoute,

— Selon mon système, notez bien que je ne blâme pas ceux des autres, selon mon système, dis-je, l'amour étant une passion résultant d'un contact quelconque, soit matériel, soit immatériel, doit nécessairement avoir un commencement.

— D'accord.

— Les uns mettent sept jours à en construire l'échafaudage, tout autant que Dieu en a mis pour créer l'univers. Les autres lui bâtissent un palais dans leur imagination et parviennent à l'y loger en moins de sept secondes. C'est une simple question de tempérament. Ce qu'il y a de vraiment remarquable c'est que si la conception varie suivant la différence des organisations, l'agonie en demeure toujours la même : longue et pénible. Aussi, que vous soyez d'un tempérament nerveux, bilieux, sanguin ou lymphatique, le traitement à suivre ne change pas.

— Et quel est-il, docteur? — demanda Robert en souriant.

— L'abus qui mène droit à la guérison, c'est-à-dire à l'oubli.

— Votre théorie, Williams, est celle d'un philosophe essentiellement matérialiste, permettez-moi de vous le dire.

— Pourquoi?

— Vous traitez l'amour comme s'il s'agissait d'une maladie du corps.

— Mais l'amour n'est pas autre chose, non plus.

— Quoi ! sérieusement?

— Très-sérieusement.

— Suivant vous, l'âme n'aurait aucune part à cette passion?

— Aucune.

— Mais cependant ce que nous ressentons moralement...

— Pardon, vous confondez, je le vois, les facultés de l'âme avec celles du cerveau, — interrompit gravement Williams, — c'est en effet une erreur des plus communes. Je nie qu'en général l'amour émane de l'âme, mais que cette passion résulte d'une sorte de ramollissement du cerveau, je l'admets parfaitement, d'autant mieux même que le cerveau est le siége de tous les genres de folie et que l'état d'amoureux est fort voisin de l'aliénation mentale.

— Vous croyez cela?

— Parbleu! J'en ai acquis la conviction par suite de ce qui m'est arrivé à moi-même... Mais si mes théories vous semblent mauvaises, mon brave commandant, je ne vous empêche nullement de les discuter, ni même de les rejeter. Libre à vous de vous enrôler dans un monde idéal, de galoper sur les nuages, de laisser votre âme courir après sa sœur jumelle. Vous savez que de leur rapprochement naîtra l'amour parfait. Et si ce joli petit système ne vous sufît pas, je vous expliquerai celui des âmes dépareillées, celui de l'attraction soudaine, celui de l'union des cœurs, celui de Swedenborg, le philosophe suédois, celui de...

— Grâce! — s'écria le chef d'escadron d'état-major en interrompant son ami. — Grâce, mon cher! Vous possédez une érudition réellement effrayante sur ce chapitre. Il faut que vous ayez étrangement abusé de la sensibilité de votre cœur, ou de la faiblesse de votre cerveau, puisque tel est votre système, pour en arriver à un degré de science aussi élevé.

— Eh bien, vous vous trompez.

— Vous n'avez jamais aimé?

— Je ne dis pas cela, — répondit le noble Anglais dont le front se couvrit subitement d'un léger nuage. — J'ai aimé... — ajouta-t-il froidement.

— Combien de fois?

— Une seule.

— Et ?...

— Et cela dure encore.

— Ah !

— Mais revenons à notre point de départ. Il s'agissait de vous, cher ami. Donc, vous êtes amoureux ?

— Non pas !

— Que disions-nous donc alors avant d'entamer cette discussion ?

— Que si le feu éclatait subitement dans la salle, je m'élancerais pour arracher au péril une femme d'une beauté merveilleuse et dont la vue m'a vivement impressionné.

— Diable ! Votre cerveau se ressent encore des ardeurs du soleil d'Afrique. Voyons, cher ami, cette houri dont la beauté vous impressionne si fort. Dans quelle partie de cette salle Mahomet a-t-il placé cet échantillon de son paradis ?

— A votre droite, Williams.

— Au balcon de gauche alors ?

— Oui. Vous voyez la première loge après celle entre les colonnes ?

— Parbleu ! Elle est même occupée par le maréchal de M*** M***.

— C'est cela. Eh bien, la suivante, celle de ce côté... Voyez-vous ?

Sir Williams ne répondit pas.

Les verres de sa lorgnette venaient de s'arrêter sur la loge qui contenait la jeune femme. Depuis quelques minutes elle était seule. Le personnage qui l'accompagnait avait quitté la salle.

La jeune femme n'avait pas abandonné son attitude nonchalante. Ses grands yeux bleus erraient au hasard et semblaient suivre dans l'espace quelque rêve capricieux de son imagination.

Sir Williams tressaillit vivement et son visage devint d'une pâleur extrême.

— Qu'avez-donc ? — demanda Robert.

— Rien, cher ami... un mouvement nerveux. Cette femme est véritablement d'une beauté remarquable.

— La connaissez-vous ?

— Fort peu.

— Vous savez son nom ?

— Sans doute. C'est la duchesse Régine de Sandoval. Elle est issue de l'une des meilleures familles du Brésil.

— Vous lui avez été présenté ?

— Oui, — répondit Williams qui avait repris son sang-froid habituel. — Mais voici que l'on sonne, cher ami, asseyons-nous et écoutons religieusement ce second acte, si vous le permettez. C'est un chef-d'œuvre d'harmonie.

— Vous aimez le duo, n'est-ce pas ?

— Évidemment, mais je lui préfère de beaucoup les chœurs de Cantons.

Le silence venait de se rétablir dans la salle.

Comme le corps de ballet n'apparaît pas durant le second acte de *Guillaume-Tell*, Robert et Williams demeurèrent seuls possesseurs du petit coin de droite.

Avant de s'asseoir dans sa stalle, le chef d'escadron d'état-major avait lancé un dernier regard vers le balcon de gauche.

Le grave personnage qui accompagnait la jolie duchesse reprenait en ce moment sa position sur le second rang, bien que la jeune femme fût seule sur le devant de la loge. Son regard en parcourant la partie inférieure de la salle, s'arrêta tout à coup sur le petit coin de droite et parut s'animer d'une lueur fauve.

Puis, l'inconnu détourna lentement les yeux et garda l'immobilité froide et glaciale qui semblait être sa manière d'être ordinaire.

Robert avait remarqué avec étonnement que depuis son entrée dans la salle, il n'avait point adressé une seule parole à sa compagne et que la duchesse n'avait pas une seule fois tourné la tête de son côté.

Quant à sir Williams, il paraissait être complètement remis de la courte émotion qu'il avait éprouvée.

III

La loge de balcon de gauche.

Le second acte terminé, les deux amis se levèrent et Robert se prépara à quitter l'orchestre.

— Vous sortez? — demanda sir Williams.

— Je vais rendre une visite au maréchal, — répondit l'officier d'état-major.

— Je vous accompagne.

Les deux jeunes gens quittèrent leurs stalles et gagnèrent le petit escalier qui conduit de l'orchestre à l'étage supérieur.

Quelques minutes après, Robert se faisait ouvrir la loge du maréchal.

Sir Williams le laissa entrer seul et vint ensuite appuyer un œil curieux au petit carreau de la loge voisine.

Le rideau de soie cramoisi, légèrement écarté, permit au gentleman de contempler à son aise les gracieuses épaules de la duchesse.

Elle était seule de nouveau.

Sir Williams sembla hésiter un moment, puis il prit dans la poche de côté de son habit un élégant portefeuille, en tira une carte de visite et faisant signe à l'ouvreuse de venir lui parler :

— Madame, — lui dit-il en désignant du geste la loge de la duchesse de Sandoval, — veuillez avoir l'obligeance de remettre cette carte à la personne qui occupe la loge numéro 12, et demandez-lui si elle peut recevoir.

L'ouvreuse, quoiqu'assez peu habituée à ce genre de mission par le temps d'impolitesse qui court, se hâta d'accomplir le désir du gentleman.

Elle introduisit sa clef dans la serrure de la porte, l'ouvrit, entra et ressortit presqu'aussitôt en s'effaçant pour laisser passer sir Williams.

C'était un aveu tacite que sa demande était accueillie. Le lord s'inclina légèrement et pénétra à son tour.

— Vous me pardonnez donc mon importunité ? —

dit-il à la jeune femme qui s'était soulevée sur son siége et lui tendait une petite main merveilleusement gantée.

— Vous savez bien, mylord que je suis toujours heureuse de vous voir, — répondit-elle.

Sir Williams la regarda fixement.

— Dois-je prendre votre réponse pour une simple formule de politesse usuelle ou pour l'expression d'une vérité ? — demanda-t-il après un léger silence.

— Un peu pour l'une, beaucoup pour l'autre, sir Williams. Mais parlons sérieusement. Qu'avez-vous fait depuis plus de seize mois que je ne vous ai rencontré ?

— Beaucoup de choses pour arriver à vous oublier.

— Et... avez-vous réussi ?

— Je le croyais il y a dix minutes.

— Et maintenant ?

— Je doute.

— Sceptique ! J'ai grande envie de vous renvoyer votre phrase.

— Quelle phrase ?

— Celle que vous m'avez adressée en entrant : dois-je prendre votre réponse pour une simple formule de politesse usuelle ou pour l'expression d'une vérité ?

— Je répondrai avec la vôtre, madame : Un peu pour l'une, beaucoup pour l'autre.

La jeune femme porta son bouquet à la hauteur de son gracieux visage et un nouveau silence régna dans la loge.

Puis elle releva vivement la tête.

— Mais, — dit-elle avec un peu d'impatience, — quelles choses avez-vous faites durant le cours de ces seize mois ?

— Mon Dieu, je ne sais trop, — dit sir Williams en se renversant sur le dossier de sa chaise avec une négligence adorable. — D'abord, j'ai été rendre une visite à un ami d'enfance qui habite un magnifique palais de porcelaine sur le bord du fleuve Jaune, près de son embouchure. Le céleste empereur a daigné lui accorder une petite concession de terrain.

— Vous vous êtes amusé ?

— Enormément ! J'ai vécu de nids d'hirondelles et j'ai mangé des grains de riz accommodés à l'huile de ricin. Mais au bout de trois semaines, cette nourriture m'a fatigué. Alors j'ai pris congé de mon ami et je me suis dirigé vers les côtes du Coromandel pour assister à la pêche des huîtres à perles.

— Cela vous a distrait ?

— Un peu. Cependant, j'avoue que je commençais

à trouver monotone cette industrie qui consiste à faire noyer des hommes pour ramasser des molusques, lorsqu'heureusement un coup de vent vint assaillir mon yacht et nous causer de graves avaries. Pendant quatorze heures environ, je crus que nous allions sombrer. C'est incroyable comme on se sent bien réellement vivre dans ces circonstances-là.

— Je le comprends, — dit en souriant Régine qui, depuis un moment, paraissait ne prêter aucune attention à ce que racontait son interlocuteur.

Sir Williams s'aperçut parfaitement de l'indifférence de la jeune femme; mais, soit qu'il voulût conserver un prétexte pour ne pas quitter la loge, soit qu'il obéît à quelque motif caché, il continua son récit du ton le plus enjoué.

— Après avoir servi de jouet à la mer irritée, comme disent les poètes, — reprit-il en souriant, — nous finîmes par faire côte à quelques lieues de Kougan. Une fois le navire en sûreté, on s'occupa des réparations. Le paquebot-poste des Indes toucha pendant que je chassais dans l'intérieur du pays. Il avait laissé des lettres pour moi. Il y avait trois mois que ces malheureuses épîtres voguaient à la recherche de mon yacht. L'une d'elle m'annonçait le futur mariage d'une jeune parente à laquelle j'avais promis jadis quelques milliers de livres sterling le jour où elle parviendrait à trouver un époux à son choix. On m'attendait pour célébrer l'union et tenir ma promesse. Je repris la mer et je fis mettre le cap sur l'Angleterre. J'étais pressé, je pris le chemin le plus court. Je remontai la mer Rouge et j'abandonnai mon navire que je devais reprendre à mon retour. Je traversai l'isthme de Suez, je m'embarquai sur le paquebot de Marseilles et j'arrivai à Londres en plein hiver. Le brouillard me parut maussade. Je me hâtai de marier ma parente et j'accourus à Paris. Malheureusement, là encore, un autre désappointement m'attendait et devait m'y prendre à la gorge; c'est le mot propre.

— Quel désappointement? — demanda la duchesse en se réveillant.

— Mon valet de chambre, qui m'avait précédé, m'avait loué un appartement sur le boulevard des Italiens. Il faisait froid et toutes mes cheminées fumaient! Cela me contraria au point que je résolus de ne pas séjourner davantage dans la capitale du monde civilisé, ainsi que disent les flatteurs de la grande ville. Cependant, comme il est de bon goût de passer de temps à autre quelques jours à Paris, et comme aussi je ne voulais plus être exposé au désagrément qui venait de m'assaillir, je fis appeler un architecte. L'architecte arrivé, je le chargeai de me découvrir un terrain et de m'y construire des cheminées convenables, munies de salons, de chambres à coucher et de tous leurs accessoires. Je lui ouvris un crédit chez mon intendant et je repris la grande route de l'Egypte. Quinze jours après, je déjeunais à Alexandrie, et la semaine suivante je me réinstallais à bord de mon yacht. La fantaisie me vint alors d'aller faire faire quelques réparations à ma villa du Cap. J'avais, comme vous le voyez, la manie des bâtisses. Nous suivîmes la côte orientale de l'Afrique : je saluai en passant deux ou trois gentlemen de ma connaissance qui sont installés à Madagascar, et j'arrivai sain de corps et d'esprit à la pointe du vieux continent. Le Cap est véritablement une ville charmante, et dès qu'une Compagnie intelligente aura créé une ligne de chemin de fer qui traversera l'Afrique, vous verrez les touristes y abonder.

— Et c'est de cette dernière ville que vous arrivez ? — demanda Régine.

— Mais oui, madame, — répondit sir Williams avec une simplicité d'intonation qui prouvait le peu d'importance qu'il attachait à un semblable voyage.

— Savez-vous bien, mylord, — reprit la jeune femme en jouant avec son bouquet, — que ce qu'il y a de plus admirable en vous, c'est votre passion

3.

pour les voyages? Vous avez, à ma connaissance, fait deux ou trois fois le tour du monde, et il existe peu de points du globe que vous n'ayez honorés de votre présence.

— Que ferais-je, si je ne voyageais pas?

— Mais si le hasard vous eût créé sans fortune, comme tant d'autres?

— Je me serais fait matelot.

— En vérité?

— Sans doute. J'ai toujours considéré la Terre comme un jardin que Dieu avait donné à l'homme. Absurdes sont ceux qui végètent dans un coin et ne se promènent que dans une seule allée. Croyez-moi, madame, j'ai moins d'orgueil que la plupart de mes semblables, et je vois les choses comme il faut les voir.

— Je ne vous comprends pas.

— Eh! mon Dieu! les hommes ressemblent à ces niais qui se construisent un parc sur l'appui de leurs croisées. Ils appellent voyage une petite promenade faite autour de ce grain de sable jeté dans l'immensité que l'on nomme la Terre. Pour se grossir à leurs propres yeux, ils ont trouvé joli de prétendre que leur planète était grande, et afin de prouver cette grandeur, ils ont commencé par la morceler en cinq parties. Lorsque je pense à cela, je me rappelle toujours l'histoire du jugement que rendit Sancho Pansa dans son gouvernement. Vous savez? à propos de ce tailleur à qui l'on avait confié un morceau d'étoffe pour faire un capuchon, et qui trouva le moyen ingénieux d'en faire cinq. Seulement, chacun d'eux était si petit, qu'il couvrait à peine l'extrémité du doigt. Eh bien, les hommes ont été moins raisonnables encore. Au lieu de se contenter de ces cinq misérables coins de terre qu'ils décorent pompeusement du titre de parties du monde, ils les ont taillées, divisées, fractionnées sous je ne sais quel prétexte de royaumes et d'empires. Est-ce que vous croyez, madame, que Dieu s'est donné la peine de créer la Terre pour que ses habitants en fassent un pareil trafic? Ce serait méconnaître l'intention divine que de penser ainsi. Dieu n'a pas dit à l'homme : Reste où tu es né! mais bien : Fais comme les autres animaux émanant de ma toute-puissance, marche devant toi! La preuve de ceci, c'est que comme Adam et Ève séjournaient trop longtemps sur les rives de l'Euphrate, l'ange est venu les chasser devant lui, et ils ont reçu congé du paradis terrestre.

— Par ministère d'huissier, n'est-ce pas?

— Ma foi, madame, vous avouerez que l'ange à

l'épée flamboyante en a parfaitement rempli les fonctions.

— Donc, sir Williams, à vous entendre, vous seul comprenez votre mission d'homme en ne vous arrêtant quelque part que le moins possible?

— Evidemment.

— Voici qui m'explique à peu près votre manie de locomotion.

— Comment, à peu près?

— Certainement. Vous raisonnez maintenant sur un fait accompli. Votre second voyage a pu être la conséquence du premier, mais quelle avait été la cause de celui-là?

— Je ne vous comprends pas, madame.

— Sir Williams, vous me comprenez à merveille. L'on m'a raconté jadis des choses étranges sur votre première jeunesse. Vous avez voulu vous tuer quatre fois. Est-ce vrai? — Vous ne répondez pas. Vous craignez que je ne vous développe une théorie sur les effets et les causes?

— Je ne crains rien, madame la duchesse, mais cependant, permettez-moi de vous raconter une anecdote.

— Très-volontiers.

— Il y a cinq ans de cela. J'étais à Genève, cette caverne d'honnêtes gens, ainsi que l'appelle lord

Byron. Je m'ennuyais prodigieusement, et pour me distraire je m'étais fait recevoir membre d'une société savante. J'aime à étudier tous les genres de folie. Celle de l'homme qui croit savoir est fort originale, je vous l'affirme. Un jour de séance, l'un de nos collègues arrive tout effaré : « Messieurs, nous dit-il, on vient de me proposer l'explication d'un phénomène étrange, d'un phénomène jusqu'alors inconnu, d'un phénomène dont toute votre science aura grand'peine à résoudre le problème! » — Parlez! lui répond-on de toutes parts. — Messieurs, reprend le savant, je vais vous poser ce problème dans les conditions où on me l'a établi. Vous emplissez un seau d'eau jusqu'au bord, vous y laissez glisser doucement une carpe, le seau ne déborde pas, malgré la loi qui veut qu'un corps mis dans l'eau déplace une quantité spécifique égale à son volume! » Grande émotion de la docte assemblée à propos de cette propriété de la carpe d'absorber l'eau sans en augmenter le volume. La séance fut orageuse, et l'on se sépara sans prendre de conclusion. Les savants se livrèrent à des recherches prodigieuses et noircirent du papier à faire la fortune d'un chiffonnier de la Cité. Nous nous assemblions tous les huit jours. Deux mois s'écoulèrent en discussions. Déjà l'on en arrivait aux personnalités: les expressions parlementaires étaient remplacées par des injures grossières, exactement comme aux Chambres. Bref, la perturbation était générale. Enfin, à la dixième ou douzième séance, je fis apporter un seau rempli d'eau, et j'ordonnai au concierge de la maison de m'acheter une carpe. La carpe mise dans le seau, l'eau déborda, comme bien vous le pensez. Stupéfaction générale. Le lendemain, ces messieurs me firent prier officieusement de donner ma démission. Je n'étais qu'un ignorant, j'avais douté de la science. La conclusion de ceci, madame, est qu'on discute sur un fait, que l'on en tire des conséquences à perte de vue, et que l'on découvre un beau jour que le fait n'existe pas.

— Très-bien, sir Williams. La morale de votre apologue est qu'il n'y a pas eu de causes premières à votre manie des voyages.

— Vous avez deviné, madame.

— Cependant, vous me permettrez bien de conserver mes convictions personnelles.

— Oh! si ce sont des convictions!

— Sans doute; d'abord elles s'appuient sur un fait matériel.

— Lequel?

— Mais... quand cela ne serait que la cause qui a

déterminé votre dernier voyage, celui que vous venez d'achever.

— Eh bien, madame?

— Vous avez été au Cap pour donner le temps à votre architecte de terminer votre maison de Paris.

— Cette fois, je suis battu.

— Vous en convenez. Et de vos tentatives de suicide, en convenez-vous aussi?

— Je ne saurais les nier devant vous, madame, puisque vous avez, pour ainsi dire, assisté à deux d'entre elles.

— Sérieusement. Vous avez donc eu de semblables idées?

— Mais, je ne serais ni bon gentleman, ni véritablement Anglais, si je ne les avais pas. Un jour ou l'autre, quand le dégoût des choses d'ici-bas commencera à devenir par trop violent, je réunirai mes amis pour leur adresser mes adieux, car il faut savoir vivre jusqu'au dernier moment, et je quitterai ce cadre étroit au milieu duquel tant de pantins s'agitent sans qu'ils puissent dire pourquoi.

— Oh! — fit Régine avec un mouvement marqué de réprobation.

— Vous auriez tort de vous scandaliser de ce que je vous dis. Vous savez que je ne fais jamais de phrases, et je ne suis pas encore assez niais ou assez fou, comme vous voudrez, pour me poser en philosophe. Je parle suivant l'instinct de ma raison. D'ailleurs cela tient de famille. Un matin que mon grand-père devait aller à la chasse et qu'il était survenu une pluie abondante suivie d'une forte gelée qui mettait ses meilleurs limiers en défaut, il dénoua sa cravate et se pendit à un arbre voisin. Mon père, arrivé à l'âge de quarante ans et envisageant les choses comme je les envisage moi-même, trouva charmant l'épisode de Clarence que Shakspeare précipite dans une tonne de malvoisie. Il se fit construire un délicieux tonneau tout en bois de rose, cerclé d'or massif et cloué avec des clous à tête d'émeraude. Puis il alla à Naples lui-même, afin de rapporter une quantité suffisante de véritable lacryma-christi, vin qu'il idolâtrait. Le lacryma soigneusement mis dans la tonne, il invita ses intimes, et après un joyeux souper, il se laissa glisser dans sa liqueur de prédilection, nous recommandant par testament, à Georges, mon frère aîné, et à moi, de choisir un autre mode de départ pour accomplir le grand et suprême voyage, pour pousser la porte que Dieu, dans sa bonté, a laissée entr'ouverte, afin, disait-il, que l'on ne puisse pas nous accuser de contrefaçon. Quant à mon frère

Georges, il avait des idées plus tragiques, aussi, sa fin fit-elle événement à Tombouctou, où il s'était rendu pour accomplir son projet. Mais je vous raconterai cela plus tard, madame, car, en vérité, nous avons là une singulière conversation pour un soir d'Opéra.

La duchesse de Sandoval n'écoutait plus sir Williams. Elle semblait de nouveau absorbée par une rêverie profonde.

Enfin, elle fit un geste de fébrile impatience, et saisissant la main du noble Anglais :

— Williams ! — dit-elle à voix basse, — auriez-vous donc encore ces horribles idées ?

Sir Williams sentit un nuage de feu passer sur ses yeux. Sa figure s'empourpra et, pressant dans les siennes la main de la duchesse, il se pencha de nouveau sur son siége, et avec un accent empreint d'une passion extrême :

— Régine ! — murmura-t-il à l'oreille de son interlocutrice.

La jeune femme tressaillit violemment.

— Je vous aime toujours ! — continua sir Williams, — dois-je me souvenir de ce que vous m'avez dit il y a deux ans, le soir où la tempête courbait la mâture de mon yach et où je vous tenais éplorée et tremblante entre mes bras, pensant que nous allions mourir tous deux?

— Taisez-vous! Taisez-vous! — répondit vivement Régine à voix basse. — Il faut respecter les souvenirs comme on respecte les morts...

— Mais ne pas tenter de les réveiller? C'est là ce que vous voulez dire, n'est-ce pas, madame? — interrompit Williams dont la physionomie avait repris subitement son aspect calme et froid. — Pardonnez-moi cette petite excursion dans le passé et ne nous occupons que du présent. Vous habitez Paris?

— Oui, mylord. Depuis six mois.

— Me sera-t-il permis de vous présenter mes respectueux hommages?

— J'ai la prétention de recevoir la meilleure compagnie, c'est vous dire que les portes de mon salon s'ouvriront à deux battants devant vous.

— Vous avez sans doute un jour fixe de réception?

— Certainement.

— Serait-ce indiscret de vous demander lequel?

— Le mardi.

— Mille grâces. J'aurai grand soin chaque mardi d'éviter votre hôtel.

— Pourquoi donc?

— J'ai en horreur la comédie des salons. Je trouve

qu'elle est moins bien jouée qu'au Théâtre-Français.

— Ce qui signifie ?

— Que j'aurai l'honneur de frapper à la porte de votre boudoir tout autre jour que celui-là.

Régine ne répondit pas. Elle continuait à effeuiller, pensive, les roses de son bouquet.

En ce moment la sonnette du foyer indiqua la fin de l'entr'acte. Sir Williams se leva et s'inclina profondément.

La jeune femme releva vivement la tête.

— Sir Williams ! — dit-elle.

— Madame la duchesse ?

— La carte que vous m'avez fait remettre ne porte pas votre adresse à Paris.

— Désirez-vous donc la connaître ? — demanda le gentleman avec un peu d'étonnement.

— Oui.

— Avenue de Chateaubriant, 12.

— Quel jour sommes-nous aujourd'hui ?

— Mercredi.

— Eh bien, samedi, dans trois jours, une femme se présentera à la porte de votre hôtel. Donnez l'ordre qu'on l'introduise près de vous à quelqu'heure qu'elle vienne et sans lui demander son nom... Maintenant partez vite et ne me parlez plus de la soirée.

— J'obéis aveuglément! — répondit sir Williams en pressant dans la sienne la petite main que lui tendait Régine.

Puis, la joie dans les regards, il s'élança hors de la loge.

IV

Dans le couloir.

Au moment où sir Williams refermait la porte de la loge, il se trouva face à face avec le grave personnage qui accompagnait Régine et qui, depuis quelques minutes, se promenait dans le couloir de gauche.

— Don Paquo de Sandoval! — dit sir Wiliams en s'inclinant avec une politesse un peu railleuse.

— Sir Williams! mes pressentiments ne me trompent jamais. Depuis trois jours je m'attendais à l'honneur de vous rencontrer, — dit froidement don Paquo.

— L'honneur est pour moi, monsieur, — répondit le lord.

— A propos, êtes-vous parfaitement remis de votre blessure?

— De laquelle?

— La dernière.

— Complètement et je vous remercie de l'intérêt que vous prenez à ma santé.

— Ne me remerciez pas. J'agis en égoïste en vous faisant cette question. — Vous êtes à Paris pour quelques mois?

— Je n'en sais rien.

— Serez-vous assez bon pour me donner votre adresse?

— Avenue de Chateaubriant, 12.

— Et vous êtes chez vous?

— Tous les matins.

— En ce cas vous me permettrez d'aller vous rendre une petite visite?

— J'aurai l'honneur de vous recevoir aussi souvent que vous voudrez bien vous présenter chez moi.

— Peut-être me présenterais-je à une heure trop matinale.

— Quelle que soit cette heure je serai toujours visible pour vous.

— Eh bien, si vous le permettez encore, ce dont je ne doute pas, car votre obligeance est au-dessus de tous éloges, je vais vous fixer tout de suite le jour de cette visite.

— A vos ordres.

— Demain.

— Demain, soit.

— A sept heures du matin.

— J'aurai l'honneur de vous attendre.

— Nous irons faire une promenade du côté de Meudon, j'ai acheté hier une paire de chevaux sur le compte desquels je désirerais vivement avoir votre opinion.

— Nous les jugerons ensemble.

— A propos, je dois vous prévenir que le marquis de Las Amarillas est également à Paris. C'est mon ami intime, vous le savez, et il ne me quitte jamais. Sa présence ne vous sera pas désagréable ?

— En aucune façon, et, puisque nous agissons sans cérémonies, je vous préviens également que vous trouverez près de moi un fort galant homme, M. de Montnac, chef d'escadron d'état-major; vous me permettrez de vous le présenter ?

— Bien volontiers. A demain alors ?

— A demain, don Paquo.

— Encore un mot, je vous prie.

— A vos ordres.

— Ayez donc l'extrême obligeance de faire mettre dans la voiture la même paire d'épées que celle dont nous nous sommes servis la dernière fois... si toutefois cela ne vous contrarie pas.

— Rien de plus facile.

— Vous êtes un homme charmant, sir Williams, et pour lequel je ressens une affection réelle.

— Vous me comblez, don Paquo!

— Au revoir, mylord.

— A demain, monsieur le duc.

Les deux hommes se saluèrent profondément et se séparèrent : don Paquo de Sandoval pour entrer dans la loge où l'attendait Régine, sir Williams pour regagner sa stalle à l'orchestre.

V

Le troisième acte.

Robert avait déjà repris place et comme chacun sait que le corps de ballet tient une partie notable de la scène durant le troisième acte de *Guillaume-Tell*, le petit coin de droite était envahi par ses locataires habituels.

Le chef d'orchestre, arrondissant le bras pour élever au-dessus de sa tête le bâton d'ébène, insigne de sa souveraineté, venait de frapper majestueusement dans l'air les premières mesures de l'ouverture.

— Williams, — dit Robert en se penchant vers son ami qui s'asseyait. — Vous connaissez donc cette dame plus intimement que vous ne vouliez le dire ?

— Quelle dame ?

— La dame du balcon de gauche, parbleu !

— Ah ! la duchesse de Sandoval ?

— Oui.

— Eh bien ! je vous ai dit effectivement que je la connaissais.

— D'accord, mais vous aviez tempéré cette affirmation en ajoutant : fort peu.

— Mon Dieu, mon cher Robert, j'ai eu l'honneur de rencontrer la duchesse quatre fois en ma vie, y compris ce soir.

— Quatre fois seulement ?

— Pas une de plus.

— Vous lui avez donc été présenté depuis peu ?

— Je ne lui ai jamais été présenté. Nous nous sommes rencontrés et je me suis présenté moi-même.

— Qu'est-ce donc que cette femme alors ? — demanda le chef d'escadron avec étonnement.

— C'est une grande dame, une très-grande dame, mon cher, et qui plus est, une femme de beaucoup de cœur et d'énormément d'esprit.

— Mais, vous savez que j'étais dans la loge du maréchal de M*** M*** pendant que vous étiez dans celle de la duchesse ?

— Sans doute.

— Je n'ai donc commis aucune indiscrétion volontaire en m'apercevant de ce qui se passait dans la loge voisine.

— Et qui songe à vous reprocher cela ?

— Eh bien, — continua Monsieur de Montnac, — à la façon dont la duchesse de Sandoval vous a accueilli et à la manière dont vous lui avez parlé, sans que je pusse entendre vos paroles, j'aurais juré que vous la connaissiez depuis longtemps.

— Vous êtes un excellent observateur, mon cher commandant, et vous avez deviné juste. La preuve c'est qu'il y a six ans que je connais la duchesse.

— Comment six ans ! — s'écria, Robert dont l'étonnement fut tel qu'il provoqua un éclat de voix étouffé aussitôt sous les *chut!* du parterre. — Six ans ! — répéta-t-il, mais vous venez de me dire que vous l'aviez vue seulement quatre fois...

— Y compris ce soir, — répondit Williams, — et je maintiens mon dire. J'ajouterai seulement que ces quatre fois se trouvent éparpillées dans le cours de six années. La première, il est vrai, me donna l'occasion de passer quelques jours auprès de la duchesse...

— Oh! s'il en est ainsi! — dit Robert en souriant.

— Ne préjugez pas! La duchesse ne peut même pas être soupçonnée! — répondit vivement sir Williams.

— Et la seconde?

— La seconde? J'eus à peine le temps de lui dire trois mots. La troisième, nous restâmes quelques heures ensemble en présence d'un danger fort sérieux, ma foi. Enfin il y avait seize mois que je n'avais rencontré madame de Sandoval lorsque vous me l'avez fait apercevoir, ce soir, ce qui m'a donné l'occasion de causer avec elle une quatrième fois.

— Qui se prolongera peut-être autant que la première?

— Robert! vous vous trompez dans vos suppositions. La première fois que je vis la duchesse, si je passai quelques jours en sa compagnie, c'est que nous voyagions tous deux en ayant le même but pour terme de notre voyage.

— Ne vous fâchez pas, Williams. Je n'ai nullement l'intention de toucher à la réputation de cette dame, mais si je souris en vous écoutant, c'est qu'il me semble singulier que vous vous connaissiez tous deux aussi bien pour vous être rencontrés aussi peu.

— C'est qu'il y a une chose que vous ignorez.

— Laquelle?

— Je vais vous expliquer cela pendant que ces demoiselles dansent la fameuse *Tyrolienne*. Avant ce jour, je n'avais, il est vrai, rencontré que trois fois la duchesse de Sandoval, mais chacune de ces trois fois avait fait événement dans ma vie et si j'existe encore, ce n'est certainement qu'à ces trois rencontres que je le dois, si tant est que l'on doive quelque chose à qui vous empêche de mourir.

— Comment! La duchesse vous aurait sauvé la vie?

— Trois fois, ni plus ni moins.

— Dans quelles circonstances donc?

— Oh! ce serait trop long à vous raconter.

— Pardonnez-moi, si je me suis montré indiscret.

— Indiscret? mais aucunement, mon brave commandant.

— Alors, permettez-moi encore une question.

— A vos ordres.

— Quel est l'homme qui accompagne la duchesse?

— C'est le duc de Sandoval.

— Son mari?

— Non, son beau-frère. Un charmant garçon

que j'aurai l'honneur de vous présenter demain matin.

— A moi?

— A vous-même.

— Où donc?

— Chez moi, parbleu !

— Mais... je ne serai peut-être pas libre...

— Oh! vous le serez, je vous en réponds !

— Comment cela?

— J'ai besoin de vous.

— Demain matin ?

— Demain matin, à six heures et demie.

— Mylord, vous me posez une série d'énigmes et je vous préviens que je possède une intelligence des plus paresseuses à l'égard de la divination.

— Voulez-vous savoir le mot? Je vais vous le donner.

— Je l'accepterai avec reconnaissance.

— Eh bien, cher ami, je me bats demain.

— Vous vous battez ! — dit Robert avec une brusquerie telle qu'elle éveilla une seconde fois l'attention de ses voisins.

— Mais, oui, je me bats. Qu'est-ce que vous voyez donc de si étonnant ?

— Permettez, Williams. C'est que j'étais tellement

loin de m'attendre... Enfin, avec qui vous battez-vous ?

— Avec le beau-frère de la duchesse.

— Avec le duc de Sandoval ?

— En personne.

— Vous êtes-vous donc disputé ce soir ?

— En aucune façon. Le duc est un homme fort bien élevé et de manières excellentes.

— Mais alors... à quel propos cette affaire ?

— C'est le quatrième volume d'un roman dont nous avons écrit ensemble le premier chapitre, il y a six ans.

— Je ne vous comprends plus.

— Cela veut dire, cher Robert, que nous allons croiser le fer pour la quatrième fois.

— Et quel a été le résultat des trois premières ?

— Trois blessures, reçues par votre serviteur très-humble.

— Par vous ?

— Je vous ferai voir les cicatrices, s'il faut absolument vous convaincre.

— Impossible !

— Pourquoi ?

— Mais, si cela était, ce serait le diable que cet homme, car vous êtes le meilleur tireur d'épée et de pistolet que je connaisse et le sang-froid ne vous fait jamais défaut.

— Je vous assure que j'ai reçu mes trois blessures avec le plus grand sang-froid.

— Alors, je vous le répète, cet homme est le diable.

— Cela est possible, mais c'est un diable fort bien élevé et dont l'éducation a été faite dans la meilleure compagnie.

— Et la duchesse? C'est donc pour elle que vous vous battez?

— Allons donc, Robert! Se battre pour une femme, c'est jeter la réputation de cette femme à la merci des sots et des commères! Monsieur de Sandoval et moi, nous nous sommes battus trois fois et nous nous battrons demain une quatrième fois pour une question fort grave, mais dans laquelle la duchesse n'a rien à démêler.

— Quelle question?

— Je soutiens que les oranges de Malte sont meilleures que celles d'Alicante. Alicante est son pays natal, Malte est une possession anglaise, c'est une affaire de rivalité nationale. Il a pris parti pour les produits espagnols...

— Vous plaisantez!

— Non pas, je vous l'affirme.

— Sir Williams, je serai votre témoin.

— Parbleu ! j'y compte bien.

— Vous me devez la vérité.

— Eh bien ?

— Vous me racontez une histoire de l'autre monde !

— Ma foi, vous avez raison. C'est effectivement dans l'Amérique du Sud que la querelle a pris naissance.

— Sir Williams !

— Cher commandant, le corps de ballet rentre dans la coulisse, écoutons un peu, si vous le voulez bien.

VI

La sortie.

Lorsque le rideau fut retombé sur les trois saluts de Gaymard, rappelé comme de coutume, par le parterre enthousiasmé, sir Williams prit le bras de son ami et tous deux, quittant l'orchestre, se dirigèrent vers le vestibule du théâtre.

Au moment où ils y pénétraient un valet de pied, d'une taille gigantesque et vêtu de l'une de ces livrées somptueuses qui empruntent leurs couleurs à un blason véritable et non pas à la fantaisie d'un tailleur, un valet de pied se détacha précipitamment du groupe des autres domestiques et s'élança au dehors.

Quelques minutes après, il reparaissait de nouveau et, son chapeau galonné à la main, il s'inclinait devant sir Williams sans prononcer une parole.

Williams et Robert le suivirent.

Le valet de pied se précipita pour ouvrir la portière armoiriée d'un élégant coupé, et les deux amis s'élancèrent légèrement dans la voiture.

Le coupé demeura quelques minutes stationnaire, contraint à l'immobilité par un embarras résultant des voitures qui le précédaient.

A sa suite, se trouvait un autre coupé aussi richement attelé, dont le valet de pied tenait la portière tout ouverte.

— Voici la duchesse! — dit vivement Robert en se penchant un peu pour admirer Régine qui, appuyée sur le bras de son beau-frère, descendait les degrés dominant le trottoir.

— Partez donc, Maurice! — fit Williams avec impatience et en s'adressant à son cocher.

L'embarras venait de se dissiper. L'automédon rendit la main, et les chevaux emportèrent la voiture.

— Décidément, Williams, — dit l'officier d'état-major en prenant la main de son ami, — décidément, il se passe en vous quelque chose d'extraordinaire. Je ne vous ai jamais vu ainsi.

— Mon cher Robert, — interrompit Williams sans répondre à l'observation de son ami, — vous m'avez dit que vous étiez libre ce soir, donc je vous confisque à mon profit. Nous souperons à l'hôtel, et ensuite nous causerons. Cela vous va-t-il?

— Admirablement.

VII

Le Spleen.

L'hôtel appartenant à sir Williams, situé dans le haut du faubourg Saint-Honoré, était un vaste bâtiment d'architecture toute moderne, offrant l'aspect d'une résidence princière.

Il était précédé d'une énorme cour, au centre de laquelle s'élevait une gerbe d'eau retombant ensuite dans un bassin de marbre blanc.

A droite et à gauche, les remises et les écuries.

Grand amateur de chevaux et même connaisseur émérite, sir Williams avait donné l'ordre à son architecte de ne rien ménager dans cette dernière partie des bâtiments. Ses chevaux habitaient un splendide palais, et avaient pour les soigner une véritable armée de valets et de grooms.

Au fond de la cour s'élevait le corps d'habitation, dont le derrière donnait sur un féerique jardin d'hiver.

Quant au luxe intérieur, il était splendide. Sir Williams était doué d'un goût exquis, et il possédait une des plus belles fortunes de l'Angleterre, ce pays où il est encore permis à quelques grands seigneurs d'avoir des intendants pour les aider à manger leurs revenus.

Au moment où la voiture, qui ramenait de l'Opéra sir Williams et Robert de Montnac, décrivait un quart de cercle dans la cour pour venir s'arrêter devant le perron du bâtiment, deux valets, portant des candélabres surchargés de bougies, vinrent se placer sur les degrés supérieurs, puis, s'avançant lentement, ils précédèrent les deux jeunes gens dans l'intérieur de l'hôtel.

— Faites servir dans le petit salon! — avait dit sir Williams en mettant pied à terre.

Dix minutes ne s'étaient pas écoulées, que le couvert était dressé dans une délicieuse petite pièce octogone ouvrant sur le jardin, et toute tendue d'étoffes de Smyrne aux larges raies d'argent.

Les valets servirent, et les deux amis prirent place, puis Williams congédia du geste ces témoins obligés de toute conversation intime, lorsque cette conversation a lieu les deux coudes sur la table.

— Et maintenant, causons! — dit le lord après avoir constaté le départ du dernier valet.

— Causons! — répéta Robert. — Je vous écoute.

— Mon cher ami, — dit sir Williams après quelques secondes de recueillement, — il y a six ans, j'en avais vingt-huit alors, je revins à Londres après avoir fait un voyage au cap Nord.

Je ne sais plus quel détracteur acharné du climat de la Tamise a dit que l'année anglaise se composait de huit mois d'hiver et de quatre mois de mauvais temps. Je dois confesser, qu'à de rares exceptions près, il s'écartait peu de la vérité; aussi, ai-je toujours prolongé le moins possible mes séjours dans mon hôtel du West-End.

L'année dont je vous parle surtout, j'avais véritablement hâte de contempler au-dessus de ma tête un ciel bleu et un soleil réel.

Quand on a passé plusieurs mois dans les glaces de la Laponie suédoise, les brouillards et la pluie deviennent un supplice capable de vous porter aux extrémités les plus fâcheuses.

Un mauvais génie semblait prendre à tâche de me retenir à Londres. Deux fois j'avais donné mes ordres pour le départ, deux fois j'avais cru pouvoir m'élancer sur la grande route de Naples, et deux fois je m'étais vu contraint à renoncer à mon désir.

Un service important, réclamé par un ami, et qui nécessitait ma présence momentanée à Londres, fut le premier obstacle qui vint arrêter mon départ.

Le second, mon cher Robert, fut une maladie de six semaines qui me cloua dans ma chambre.

J'ai lu dans un livre écrit au dix-septième siècle, que les médecins sont des gens créés pour venir conter des niaiseries dans la chambre d'un malade jusqu'au jour où la nature guérit le patient, ou jusqu'à l'heure où les remèdes le tuent. Je ne veux pas médire de cette honorable classe de la société ; mais cependant, si je dois en juger par les échantillons qui me furent présentés dans cette circonstance, j'avouerai que la définition que je viens de vous citer me semble fort peu éloignée de la vérité.

J'étais lié, quelques années avant cette époque de ma vie, avec trois docteurs célèbres qui représentaient assez bien, à mon sens, les trois degrés de la grande famille des amis.

Le premier me visitait parce que je lui étais utile, le second parce qu'il ne m'aimait pas, le troisième parce qu'il me détestait.

La conséquence de cette amitié sincère fut, qu'à la première nouvelle de la maladie qui venait de m'assaillir, tous trois accoururent pour me prodiguer les trésors de leur science à deux livres sterling la visite.

En les voyant entrer dans ma chambre, je pensai au vieil Horace, et je m'écriai mentalement :

Que vouliez-vous qu'il fît contre trois ?

Cependant, j'écoutai leur dissertation.

L'un prétendit que j'étais atteint d'une *péritonite aiguë*, l'autre constata tous les symptômes évidents d'une *névrose*, le dernier, enfin, prit Hippocrate à témoin que j'étais menacé d'une *pleurésie*.

Après une longue dispute, à laquelle j'assistai bien malgré moi, ces messieurs furent unanimes pour affirmer que le cas était grave, et qu'eux seuls pouvaient me sauver.

La vérité était que je payais une simple dette à la nature pour avoir abusé de mes forces physiques pendant mes précédents voyages. La machine avait besoin de repos.

En dépit de ces messieurs et de leurs ordonnances, je laissai agir le temps et la nature, et deux mois après j'étais en pleine convalescence.

L'ami médecin qui me détestait vint alors me rendre une dernière visite, sous prétexte de s'adresser des compliments à lui-même.

— Docteur, — lui dis-je en le renvoyant à mon intendant pour l'acquittement de sa note, — vous ressemblez à ce bedeau qui, après un sermon prêché par Bourdaloue et au milieu des félicitations générales adressées au grand orateur, s'écriait fièrement : Le beau sermon ! c'est moi, messieurs, qui l'ai sonné !

Mon médecin ne revint plus, et je suis convaincu qu'à ma première maladie il se vengera de ma critique.

Bref, mon cher commandant, je recouvrai peu à peu la santé physique; mais la santé morale ne se releva pas de même.

J'éprouvais des sensations étranges, je ressentais dans mon cerveau une sorte de vide que rien ne pouvait combler.

Une tristesse calme mais effrayante, un découragement complet, un dégoût profond et invincible de toutes choses s'emparèrent de mes facultés intellectuelles, tandis qu'une lassitude étrange paralysait mon corps.

Je ne voulais plus recevoir personne. Le mot *plaisir* me causait des nausées. La fièvre de la locomotion m'avait abandonné, et j'en étais arrivé à aimer le séjour de Londres pendant l'hiver.

Enfin, je me sentis atteint de l'un de ces beaux et véritables accès de spleen qui mènent à toute vapeur un homme sur la route du suicide.

C'était la première fois que la pensée de la mort me venait à l'esprit, et je m'y cramponnai dans l'espoir de me sentir délivré de mon spleen, comme le pauvre diable qui se noie se cramponne à la perche de salut.

La manière dont mon père et mon frère avaient quitté la vie devait contribuer à me faire envisager le suicide sous un aspect favorable.

Je ne cherchai donc pas à lutter.

Seulement, je me promis bien à moi-même de me montrer digne de mes ancêtres en n'accomplissant pas ce grand acte d'une façon banale et vulgaire.

Savoir mourir est une science peu commune, et je suis de l'avis de ce jésuite qui disait que Dieu avait bien fait de placer la mort à la fin de la vie, parce que, de cette façon, on avait le temps de s'y préparer.

Ma résolution irrévocablement prise, je me mis en devoir de l'exécuter.

Je commençai par noircir une douzaine de feuilles de papier, sous prétexte de faire un testament.

N'allez pas croire, Robert, que j'agissais alors sous l'empire d'une sorte d'aliénation mentale. Jamais, dans aucune circonstance de ma vie, je ne pris la peine de raisonner davantage une résolution.

Avant d'en arriver à chercher un mode de départ pour l'autre monde, j'avais discuté gravement l'action elle-même, j'avais lu Osiander, Gœthe, de Falret, et enfin Stœudlin.

Le suicide, m'étais-je dit, lorsqu'il a pour but d'échapper à un malheur que l'on peut vaincre par le travail et le courage, est l'acte du soldat désertant la veille d'une bataille. On obéit à un sentiment de peur et, par le fait, on se déclare lâche. Celui, surtout, qui vous fait abandonner volontairement des enfants, des parents auxquels tout être créé se doit d'après les lois naturelles, celui-là est inexcusable, et le monde a raison de jeter le mépris et l'anathème sur la tombe qui se referme. Mais l'homme que rien n'attache à la terre, l'homme qui n'a aucune mission à accomplir, l'homme qui en quittant sa stalle laisse deux ou trois compétiteurs pour la remplir, l'homme enfin que sa volonté seule conduit au suicide, et pour lequel la mort devient un plaisir, cet homme-là ne peut être blâmé par les gens raisonnables, et s'il veut cesser de jouer son rôle de première inutilité, son droit à la retraite ne peut lui être contesté par ses semblables.

Or, comme je me trouvais dans ces conditions, j'en arrivai facilement à conclure que j'avais le droit d'abandonner la scène sans me soucier des sifflets de la cabale du parterre.

Il ne s'agissait plus que de faire une sortie convenable.

En conséquence, je me mis à étudier la mort sous ses différents aspects. La première idée qui me vint à l'esprit fut celle de la pendaison, mais je la rejetai promptement en pensant à la ridicule figure que devait faire un homme dans cette situation anormale. On a dit, il est vrai, que le gibet n'est qu'une balance qui a la terre à un bout et l'homme à l'autre ; cela cependant ne suffit pas pour réhabiliter la pendaison dans mon imagination.

La potence, mon cher ami, n'est à bien prendre qu'une satisfaction d'amour-propre que se donnent les hommes, une sorte de flatterie adressée par la civilisation à l'espèce humaine tout entière. Chaque grande ville, qui se respecte, a sa potence et l'on y accroche de temps en temps quelques pauvres diables, dans le but de faire croire à la masse des autres hommes qu'ils sont meilleurs que ceux que l'on vient de pendre.

Planter un clou dans la muraille, me servir d'une misérable corde pour accomplir cet acte suprême de la vie, me parut, je vous le répète, et en dépit de l'exemple donné par mon grand père, une chose du plus mauvais goût.

Je passai alors à la question des poisons, mais je réfléchis que le premier goujat venu avait le loisir d'avaler des champignons venéneux.

L'empoisonnement est, à bien prendre, une mort de cuisinière ou de pâtissier, et l'acide prussique, lui-même, vous fait passer subitement de vie à trépas avec une précipitation qui dénonce clairement la peur de la douleur.

Le pistolet de Werther me répugnait également. Ces éclats de crâne et de cervelle qui salissent un appartement sont le fait d'un homme mal élevé. C'est entrer dans la mort, comme ces courtisanes qui entrent dans une loge au théâtre en renversant des siéges pour attirer sur elles l'attention générale. Et puis, lorsque, plus tard, chacun doit se relever dans la vallée de Josaphat, il faudrait donc faire afficher les débris de sa tête avec promesse de la récompense honnête !

Il me restait l'eau et la chute. La Tamise et la Tour de Saint-Paul. Je me défiais de la noyade qui, je dois l'avouer, me souriait médiocrement. Il est difficile à un homme qui nage comme un poisson de mer de se noyer volontairement dans l'eau douce.

La chute offre des inconvénients plus grands encore que ceux causés par une balle de calibre.

Au bout de huit jours de réflexion, pendant lesquels mon spleen n'avait fait qu'augmenter d'intensité, je me trouvai aussi indécis qu'à la première heure.

VIII

La porte de la mort.

Ce huitième jour était un jeudi, je me le rappelle parfaitement.

Je m'approchai de la fenêtre ; il pleuvait toujours ; il tombait une de ces pluies fines, égales et incessantes qui menacent de ne pas avoir de fin.

Je me jetai dans un fauteuil en sonnant avec impatience.

Mon valet de chambre parut. Celui-là même qui vient de nous servir, c'est un garçon qui m'est fort dévoué.

— Tony ! — lui dis-je,

— Mylord ? — répondit-il en s'avançant sur un geste de moi.

— Tony, je m'ennuie.

Il s'inclina respectueusement, mais en signe qu'il comprenait ma situation morale.

— Tony, — repris-je, — savez-vous ce que c'est que le spleen ?

— Sauf le respect que je dois à mylord, j'oserai lui dire que je connais cette maladie pour l'éprouver moi-même.

— Vous avez le spleen, Tony ?

— Oui, mylord.

— Depuis longtemps ?

— Depuis trois ans environ.

— Et vous avez pu y résister ?

— Mylord avait besoin des soins de son très-humble serviteur.

Il y avait tout une leçon de haute morale dans ce que venait de me répondre mon valet de chambre.

Je lui tendis la main, il s'inclina avec émotion.

— Tony, — lui dis-je après quelques minutes de recueillement. — Je n'entrerai pas alors dans les détails de ma position. J'ai le spleen, je veux guérir.

— Il n'y a qu'un moyen, mylord.

— Le suicide.

— Mylord est décidé ?

— Parfaitement.

— Quand mylord désire-t-il accomplir son projet?

— Le plus promptement possible.

— Je n'ai jamais quitté mylord. Mylord me permettra-t-il de le suivre dans son dernier voyage?

— Sans doute, Tony.

Maintenant, Robert, que je réfléchis à cette scène un peu lugubre, je suis tenté de rire en me rappelant notre gravité, et tout à l'heure vous serez ému comme moi du dévouement dont vous allez voir que Tony devait faire preuve.

La conversation continua entre nous.

J'énumérai à Tony les motifs qui m'avaient conduit à rejeter successivement la mort par la corde, par le plomb, par le poison, par l'eau et par la chute.

Tony m'écoutait sans sourciller. Lorsque j'eus achevé :

— Mylord me permettra-t-il de lui faire une observation ? — me demanda-t-il.

— Parlez, Tony.

— Mylord n'a donc pas songé à l'asphyxie par la raréfaction de l'oxigène ?

— Vous n'y songez pas, Tony, — m'écriai-je. — Le suicide que vous me proposez-là est usité chez les couturières abandonnées par un Lovelace de magasin.

— Oh ! je ne parle pas à mylord de l'asphyxie par le charbon.

— De quel genre d'asphyxie parlez-vous donc ?

— De l'asphyxie résultant de l'absorption du soufre.

— Du soufre ? Que me proposez-vous là, Tony ?

— J'ai l'honneur de proposer à mylord un genre de trépas que j'ai longtemps rêvé et qui, je le crois, n'est pas vulgaire.

— Expliquez-vous ! — dis-je, avec un peu d'impatience.

— Voici ma pensée : Mylord partirait pour la Sicile et je l'accompagnerais. Nous ferions l'ascension de l'Etna, emportant avec nous un appareil que j'ai combiné et qui devrait, à l'aide d'un conduit communiquant avec l'air respirable, nous prémunir longtemps contre les atteintes de l'asphyxie. Nous nous ferions descendre dans le cratère, aussi bas que possible, puis nous couperions les cordes nous-mêmes et nous nous livrerions à l'exploration souterraine du volcan. De deux choses l'une : ou nous découvririons des merveilles telles qu'elles rendraient à mylord le goût de l'existence dans le désir de les voir une seconde fois et alors nous nous ferions jeter de nouvelles cordes, ou nous ne pourrions résister à l'atmosphère du volcan et nous trouverions la mort après laquelle nous courions. Dans l'un et dans l'autre cas, je pense qu'un tel voyage serait agréable à mylord qui connaît toute la surface du globe ; car si mylord ne découvrait pas quelque nouveauté qui parvînt à le distraire, mylord se trouverait aux portes du séjour des ombres et il n'aurait qu'à frapper.

La pensée de Tony me parut tellement remarquable, que je demeurai silencieux, l'écoutant encore, alors même qu'il eut achevé.

Enfin, la parole me revint, et avec elle le premier sourire qui eût éclairé mon visage depuis plus de trois mois.

— Tony! — m'écriai-je, — à partir de cette heure vous n'êtes plus mon valet de chambre.

Le pauvre garçon pâlit. Il avait cru que je le chassais.

— Rassurez-vous, — lui dis-je vivement, — vous devenez un second moi-même et, quoi qu'il arrive, nous ne nous séparerons jamais. J'adopte votre projet, Tony, et je veux le mettre à exécution sans tarder. Nous partirons ce soir, et dans trois semaines nous serons à Messine.

— Pardon, mylord. Nous partirons ce soir, je n'y

vois aucun obstacle; mais nous ne serons à Messine que dans quatre mois.

— Quatre mois !

— Il est impossible que nous y soyons plus tôt.

— Qui nous en empêcherait?

— Ce temps est nécessaire à la fabrication de l'appareil dont j'ai eu l'honneur de parler à mylord.

— Eh bien, Tony, passons-nous de l'appareil.

— Oh! mylord! Pourquoi ne pas nous donner la faculté de vivre, si nous trouvons quelque chose de réellement admirable? L'intérieur d'un volcan, le fond du cratère dans lequel aucun voyageur n'a pénétré, car mylord n'ignore pas que les plus braves et les plus téméraires s'arrêtent au bas du second entonnoir.....

— Vous avez raison, Tony, — interrompis-je. — Je vous accorde quatre mois, mais souvenez-vous que je ne vous fais pas grâce d'un seul jour en plus!

— Tout sera prêt à cette époque, mylord.

— Et où ferez-vous confectionner cet appareil?

— En Allemagne. J'ai des renseignements exacts.

— Eh bien, nous partirons ce soir même...

— Mylord voudra bien m'accorder un congé?...

— Sans doute. Vous irez de votre côté et moi du mien. Dès que votre appareil sera terminé, vous viendrez me prévenir. Avez-vous besoin d'argent?

— Oui, mylord, de beaucoup d'argent même.
— Combien?
— Deux ou trois mille livres sterling, peut-être davantage.
— Je vous donnerai une lettre de crédit de cinquante mille florins sur une maison de banque de Francfort.

Tony s'inclina.

— Est-ce tout? — demandai-je.
— Non, mylord, — répondit timidement le brave garçon. — Il faut que mylord veuille bien consentir à me donner sa parole qu'il n'attentera pas à ses jours avant le terme convenu?
— Ah çà, Tony! vous avez tout l'air de me proposer un pacte. Seriez-vous le diable, par hasard? Parlez franchement. Vous m'en verriez enchanté!
— Je ne suis que le très-humble serviteur de mylord; mais si je n'avais pas la certitude de retrouver mylord, je n'aurais pas le courage de faire faire les préparatifs en question.
— Eh bien, soit, mon brave Tony. Je vous donne ma parole de vivre encore quatre mois. Nous sommes aujourd'hui le 9 mai 1856, et la pendule marque deux heures de l'après-midi. — Le 9 sep-

tembre prochain jusqu'à deux heures de l'après-midi, je serai en vie, s'il plaît à Dieu. Passé ce jour et cette heure, je serai libre.

Tony saisit ma main et la baisa.

— Maintenant, — continuai-je, — envoyez un domestique à Douvres, afin que le yacht soit prêt demain matin à prendre la mer. Je partirai ce soir à six heures. Faites tout disposer en conséquence.

Tony sortit, et je me pris à fredonner un air d'opéra.

La pensée du genre de suicide que je venais d'arrêter me souriait tellement, que je me sentis presque complètement guéri de mon spleen.

Je fis seller un cheval, j'allai faire un tour à Regent's Parck, je dînai en homme sachant manger, et, le soir venu, je montai dans ma chaise de poste, dans laquelle je m'endormis profondément.

Je me réveillai le lendemain au point du jour. Le chemin de fer m'avait déposé à la station sans que je m'en fusse aperçu.

La marée était haute, le vent excellent, je m'élançai sur mon yacht, et j'ordonnai de mettre le cap sur Ostende.

Tony m'accompagnait et paraissait joyeux de mon changement d'humeur.

A Bruxelles, Tony me quitta et s'enfonça dans la Prusse.

Je traversai rapidement la Belgique et ne m'arrêtai qu'à Cologne.

J'avais donné l'ordre au patron du yacht d'aller m'attendre à Gênes. Tony devait venir m'y retrouver le 9 septembre au matin.

J'avais donc quatre mois à dépenser.

Mon embarras était grand. Cependant, je résolus tout d'abord de remonter le Rhin et d'aller en Suisse.

En conséquence, le lendemain même de mon arrivée à Cologne, je prenais place à bord du bateau à vapeur qui devait me conduire à Mayence.

Lorsque j'arrivai sur le pont, il était cinq heures et le jour se levait radieux.

Le ciel était pur, la chaleur douce, et le panache noir qui s'échappait de la cheminée du bateau, tranchait admirablement sur le brouillard gris pâle qui flottait au-dessus du grand fleuve.

J'allumai un cigare, je m'installai sur un banc, et je me mis en devoir d'inspecter les nouveaux arrivants, rares encore, car les touristes n'abondent sur les bords du Rhin que quelques mois plus tard.

La première personne qui se présenta pour franchir le petit pont de planches, fut une femme, tellement calfeutrée dans ses voiles de dentelles et ses cachemires, que je fus obligé de deviner sa jeunesse à la légèreté et à l'élégance de sa tournure.

IX

Sur le bateau.

— Ah! ah! sir Williams, — fit Robert en interrompant le narrateur, — il y a une femme dans votre récit.

— Mais dans tous les récits il y a, au moins, une femme, mon cher commandant...

— Et un peu d'amour.

— Peut-être, — répondit sir Williams en souriant.

— C'est singulier. Je vous croyais sceptique à cet égard.

— A l'égard de l'amour?

— Oui, et ce que vous me disiez à l'Opéra, il y a deux heures...

— Mon cher ami, je ne suis sceptique à l'égard d'aucune chose, par une raison bien simple.

— Laquelle?

— C'est que le scepticisme n'existe pas.

— Mais cependant, les sceptiques?

— Eh bien! les sceptiques ne le sont pas le moins du monde dans l'acception propre du mot. Tertullien les appelle des professeurs en ignorance, et il a parfaitement raison. Le principe qui sert de base à leur philosophie, est qu'il ne faut rien croire, rien affirmer, n'est-ce pas?

— Sans doute.

— Eh bien! ils croient et ils affirment cela! Ils croient que l'on ne doit croire à rien et ils affirment qu'on ne peut rien affirmer! Donc, enfermé dans le cercle du raisonnement, le scepticisme se détruit lui-même, comme le scorpion enfermé dans un cercle de feu, à ce que prétendent les naturalistes qui n'ont jamais vu de scorpion.

— Décidément, Williams, vous possédez une dialectique effrayante. Je ne discuterai jamais avec vous; je me contenterai d'écouter. Continuez donc. Vous en êtes resté à l'entrée sur le bateau à vapeur d'une femme hermétiquement voilée et qu'à sa tournure vous avez jugée devoir être jeune et charmante.

— Et je ne m'étais pas trompé dans mes conjectures, cher ami, — reprit sir Williams en se levant pour allumer un second cigare. — Lorsque la voyageuse se fut débarrassée de ses cachemires et de ses dentelles, je me trouvai en face d'une créature remarquablement séduisante et dont je ne vous ferai pas le portrait attendu que vous la connaissez.

— Moi? — dit le chef d'escadron avec étonnement.

— Sans doute. Vous l'avez admirée ce soir.

— A l'Opéra?

— Oui.

— C'était donc la duchesse de Sandoval?

— En personne.

— Elle voyageait seule?

— Oh! non pas. Elle était accompagnée par deux femmes de chambre.

— Et son beau-frère?

— Nous le retrouverons bientôt, soyez sans crainte. Lorsque je me trouvai avec elle sur le bateau de Cologne, j'ignorais son nom. Au reste, cette circonstance importait peu à un homme qui cherchait à tuer le temps en attendant l'heure de la mort. Je trouvai donc la voyageuse fort jolie, mais je me bornai à cette simple remarque et je continuai bravement à fumer sur le pont. L'heure du départ arriva, les roues de la machine se mirent en mouvement et nous fûmes bientôt au milieu du fleuve.

Nous étions au nombre de sept et la duchesse était la seule femme. Je ne compte pas ses suivantes. Des cinq autres voyageurs, quatre étaient originaires des bords du Rhin : c'étaient de ces braves Allemands dont on vante la profondeur de la pensée, tandis qu'on devrait en vanter l'épaisseur, de ces dignes fils de l'antique Germanie qui se cotisent pour comprendre un mot spirituel et qui en rient le lendemain, lorsqu'ils parviennent à en rire.

Le dernier était votre compatriote, Robert, si tant est qu'un commis voyageur puisse être le compatriote d'un galant homme comme vous. Ce monsieur qui parlait beaucoup, qui chantonnait, qui se promenait, qui nouait conversation en vous demandant du feu pour allumer son cigare, était, d'après ses propres paroles, car il criait ses affaires aux domestiques du bateau tout en lorgnant les femmes de chambre de la duchesse, ce monsieur était le représentant d'une maison de commerce française.

Si j'entre dans ces détails, c'est afin que vous ne

m'accusiez pas de fatuité lorsque je vous dirai que je me sentis saisi de compassion en réfléchissant que la jeune et jolie voyageuse allait se voir condamnée à un mutisme complet tout une mortelle journée, à moins qu'elle ne se décidât à converser avec ses femmes de chambre.

Les Allemands buvaient et fumaient dans la salle de l'entrepont. Quand au commis-marchand il avait bien tourné deux ou trois fois autour de la jeune femme, mais il s'émanait d'elle un tel parfum de véritable aristocratie, que le pauvre garçon avait battu en retraite au plus vite, et reporté ses vues sur les cameristes qui rentraient beaucoup mieux dans la classe des femmes auxquelles ces messieurs sont habitués à conter fleurette.

La conséquence de cette réflexion fut que je lançai mon cigare dans l'eau du fleuve et que, ma casquette à la main, je m'approchai respectueusement du banc sur lequel la duchesse était assise.

— Madame, — lui dis-je, — veuillez être assez bonne pour excuser ma hardiesse, mais l'ennui du voyage autorise bien des privautés de la part d'un inconnu. Permettez-moi donc de vous offrir mes services et de vous prier de les agréer, dans le cas où je pourrais vous être de quelqu'utilité. Ce petit coin du bateau à vapeur, que vous avez choisi pour votre résidence, me représente votre salon. Si j'en franchissais le seuil, un valet vous dirait le nom de votre visiteur, voulez-vous me permettre de m'annoncer moi-même et de vous présenter mon nom, afin que vous sachiez si vous devez être visible?

Tout en débitant cette formule de banale politesse, j'offrais ma carte à la jolie voyageuse.

Elle daigna y jeter les yeux sans la prendre, puis relevant vivement sa jolie tête :

— Vous devez connaître le nom de Sandoval, mylord, — me dit-elle en me regardant fixement.

— Sans doute, madame, — répondis-je avec un peu d'étonnement, — j'ai eu l'honneur d'être presque lié d'amitié avec un personnage portant ce nom.

— Avec le duc Francesco de Sandoval?

— Précisément, madame.

— Vous l'avez rencontré au Brésil, n'est-ce pas?

— A Rio de Janeiro même. Me permettrez-vous, madame, de vous demander la cause...

— De mes questions? — interrompit-elle. — Je vais vous la dire. Votre nom, mylord, m'est parfaitement connu ainsi que votre infatigable amour des voyages. Bien plus, si j'étais dans le salon de mon hôtel, comme vous vous plaisiez à le supposer, et qu'un valet me remît votre carte, vous verriez les portes s'ouvrir à deux battants devant vous.

— A quoi donc devrais-je un tel honneur, madame?

— A l'amitié que mon mari avait pour vous.

— Votre mari ?

— Je suis la duchesse de Sandoval.

— La femme de don Francesco, — m'écriai-je.

— Sa veuve, mylord.

— Don Francesco n'est plus?

— J'ai eu la douleur de le perdre il y aura deux ans bientôt.

— Excusez-moi, madame, et de l'étonnement qui me frappe et du renouvellement de douleur que je vous cause, — dis-je vivement en remarquant l'altération du visage de la duchesse. — Je ne pouvais prévoir le hasard qui me permettrait de vous présenter en même temps et mes hommages respectueux et mes compliments de condoléance. J'avais ignoré, jusqu'à ce jour, que le duc de Sandoval se fût marié.

— Il n'a pas eu le temps, mylord, de faire part de notre union à ses amis d'Europe.

— Comment cela, madame?

— Don Francesco est mort le jour même de notre mariage,

— Le jour même ?

— En sortant de l'église, quelques minutes après le moment où nous venions de recevoir la bénédiction nuptiale, don Francesco tomba foudroyé par une attaque d'apoplexie.

— Mon Dieu, madame, que me racontez-vous là ? — dis-je avec un étonnement que je ne pouvais parvenir à dissimuler.

— Je vous raconte la triste vérité, mylord.

— Vérité bien triste en effet, madame, et votre cœur a dû être douloureusement affecté par un pareil malheur.

La duchesse ne me répondit pas. Elle semblait en proie à de sombres réflexions que j'attribuai au fatal événement dont elle venait de réveiller le souvenir.

— Pardonnez-moi, — dit-elle enfin en relevant ses beaux yeux, — pardonnez-moi, mylord, je rêvais !

Elle prononça ces mots avec un accent étrange, et un tressaillement nerveux que je ne pus m'expliquer.

Je continuai à garder le silence en la voyant retomber dans sa rêverie.

Craignant de me montrer indiscret, je fis un mouvement pour m'éloigner, lorsque la duchesse, se levant vivement et faisant un effort visible pour reprendre sa sérénité, me demanda mon bras pour faire une promenade sur le pont.

— Mylord, — reprit-elle en souriant, — je vous traite comme une vieille connaissance, et je vous préviens que je me sens disposée à abuser de votre complaisance. Depuis un mois que je voyage seule et que je m'ennuie de ma solitude, je saisis, comme une heureuse fortune, le plaisir d'avoir près de moi un compagnon de route.

Je répondis au compliment par un autre compliment, comme bien vous le pensez.

La duchesse m'apprit qu'elle arrivait de Suède où l'avait appelée des intérêts de famille, et qu'elle allait à Bâle où devait l'attendre son beau-frère don Paquo de Sandoval qui avait pris le titre de duc depuis la mort de son aîné.

— Vous connaissez aussi don Paquo? — me dit-elle.

— Non, madame, — répondis-je. — Lors de mon séjour au Brésil, don Paquo était en France et nous ne nous sommes jamais rencontrés.

— Ah! — fit-elle en reprenant sa rêverie.

Jusqu'alors notre conversation avait eu lieu en français, que la duchesse parlait avec une pureté remarquable.

Je lui en fis l'observation.

— Ne vous étonnez pas, — me dit-elle en souriant, — mon père était Brésilien, je suis née à Rio de Janeiro, mais ma mère était Française et j'ai été élevée à Paris. Je ne suis retournée au Brésil que pour me marier. Cette union avait été arrêtée entre M. de Sandoval et ma famille. Don Paquo avait fait le voyage de France pour venir demander ma main au nom de son frère aîné. — Sir Williams, — ajouta-t-elle en changeant de ton brusquement, — croyez-vous qu'il existe des gens dont la présence porte malheur et dont le regard soit empreint de ce fluide fatal que l'on nomme en Italie le mauvais œil?

— Mais... je l'ignore, madame! — fis-je en demeurant stupéfait d'une semblable question adressée ainsi à brûle pourpoint.

— Asseyons-nous, — dit la duchesse sans poursuivre l'entretien.

Puis reprenant la conversation là où elle l'avait interrompue pour m'adresser la bizarre demande que je viens de vous raconter.

— Je ne connaissais pas le duc de Sandoval, — continua-t-elle, — j'arrivai à Rio avec ma mère, car j'avais perdu mon père quelques années auparavant. Le duc vint au-devant de nous, j'avais dix-sept ans, il en avait près de quarante. Au premier abord, j'éprouvai pour lui une répulsion étrange. Huit jours écoulés, pendant lesquels j'avais été à même d'apprécier sa touchante bonté et son exquise distinction, me firent revenir sur son compte. Le dixième jour on nous mariait. La messe fut célébrée à midi : à une heure et demie j'étais veuve. Don Paquo n'assistait pas au mariage. Vous n'êtes pas marié, mylord?

— Non, madame.

Nous avions repris nos places sur le banc. La duchesse se leva de nouveau, je l'imitai et s'appuyant sur mon bras, elle marcha quelques minutes en silence.

Je me perdais en conjectures sur le singulier caractère dont la jeune femme faisait preuve, et je ne trouvais pas de mot à placer au bout de cet énigme charmant.

Je sentais son bras tressaillir par moment, et ses prunelles veloutées lançaient un jet de flammes.

— Vous souffrez peut-être, madame? — lui demandai-je.

— Un peu, — répondit-elle.

— Voulez-vous que j'appelle vos femmes.

— Oh! c'est inutile, cela va se passer. J'avais besoin de marcher et puis, mylord, j'ai à vous demander une grâce.

— Parlez, madame.

— Ne me rappelez jamais l'époque de mon mariage, ne m'interrogez jamais à ce sujet, ne me parlez pas enfin du but du voyage que j'accomplis et de la cause qui l'a déterminé. Vous ignorez cela, ne cherchez pas à le savoir. Vous me le promettez?

— Je m'y engage, madame.

— Fort bien. Il est onze heures, descendons déjeuner.

X

On couche à Coblentz.

— Pour l'intelligence de ce que j'ai encore à vous raconter, mon cher Robert, — continua sir Williams, — il faut que vous sachiez qu'à l'époque dont je vous parle, le Rhin venait de subir une crue récente qui rendait sa navigation fort difficile pour les navires qui remontaient son cours.

Tout ce que notre bateau put faire, fut d'arriver le soir à Coblentz. Nous devions repartir le lendemain à six heures du matin.

J'avais pris la résolution d'accompagner la duchesse jusqu'à Bâle, ce qui n'avait rien que de fort naturel, puisque mon intention première, ainsi que je vous l'ai dit, avait été de me rendre en Suisse.

La duchesse s'installa dans un appartement à l'hôtel. Nous devions nous revoir le lendemain matin à bord.

Le caractère de la jolie voyageuse, ses singulières réticences, ses rêveries profondes dans lesquelles elle tombait tout à coup, l'expérience qu'elle semblait avoir des choses du monde, malgré ses dix-neuf ans, la promesse qu'elle m'avait fait faire à l'égard de son mariage et de son voyage, l'étrangeté qui avait présidé à cette union, et la catastrophe qui l'avait faite femme et laissée veuve en lui conservant sa pureté de jeune fille, tout cela, vous en conviendrez, prêtait singulièrement à la réflexion.

Il y avait évidemment un mystère dans sa vie, et j'avais beau murmurer à voix basse le chœur de la *Dame-Blanche*, je ne trouvais pas d'explication convenable à me donner à moi-même.

Vous autres Français qui jugez sans cesse sur les apparences, vous ne comprenez pas la femme des pays méridionaux.

Presque tous vos compatriotes, Robert, qui font le voyage d'Espagne ou celui de l'Amérique espagnole, ne marchent pas cinq minutes dans la rue d'une ville quelconque, sans se voir émerveillés par le nombre des conquêtes qu'ils croient faire.

Ils ne savent pas que cette provocation de regards, que cette liberté d'allures, que cette coquetterie de paroles que l'on remarque chez les femmes des contrées dont je vous parle, sont les choses du monde les plus ordinaires et les plus banales.

Je vous dis cela, Robert, afin que vous me compreniez et que vos suppositions ne s'écartent pas de la vérité, lorsque j'ajouterai qu'à la fin de cette journée passée près de la duchesse, nous étions parfaitement bien ensemble et que, pour l'œil d'un étranger, nous pouvions paraître liés depuis plusieurs années.

Nous avions parlé de tout, de ces mille riens qui font causer et la duchesse avait fait preuve d'un esprit merveilleux.

Bref, mon cher, cette femme renfermait en elle un charme tellement réel, que trois heures après m'en être séparé je rêvais encore à sa beauté, à sa grâce, à sa distinction.

Quant au mystère que je voulais pénétrer, j'y renonçai bientôt.

— Que m'importe ? — pensais-je, — dans quatre mois, je serai mort et ce grand mystère de la vie est bien autrement important que celui qui enveloppe de ses voiles l'existence de cette belle duchesse.

XI

Le coup de filet.

Le lendemain matin, je me hâtai de retourner à bord. La duchesse arrivait en même temps que moi.

Vous connaissez ce panorama merveilleux que présentent les rives du Rhin de Coblentz à Bingen.

C'était la quinzième fois environ que j'assistais à ce spectacle véritablement enchanteur, et mes yeux ne se lassaient pas d'admirer.

La duchesse m'interrogeait avec une curiosité enfantine, et je lui racontais les légendes avec un luxe de détails à rendre jaloux le *Guide du voyageur*,

Cette journée est, certes, l'une des plus charmantes que je me rappelle avoir passées près d'une femme.

Les abominables toits enfumés de Mayence accoururent trop vite au-devant de notre bateau.

Il fallait cependant se résigner et quitter le Rhin pour chercher un gîte parmi les hôtels qui bordent le quai.

La duchesse présida à l'installation de ses femmes, puis comme la soirée était belle et l'heure peu avancée, elle me proposa une promenade sur l'autre rive du fleuve.

Nous traversâmes le pont de bateaux et nous suivîmes la route de Cassel à Biberich.

Les flots du Rhin murmuraient à notre oreille leur harmonie sublime.

La duchesse rêvait appuyée sur mon bras, mais cette rêverie était bien différente de celle qui, la veille, avait amené un amoncellement de nuages sur son joli front.

Nous marchions au hasard, nous arrêtant à notre fantaisie et tout entiers au splendide tableau que nous avions devant les yeux.

Peu à peu nous avions quitté la route et nous étions descendus sur le rivage.

Un pêcheur armait sa pauvre barque et s'apprêtait à remonter le fleuve.

Je m'approchai de lui.

— Combien estimez-vous la pêche que vous allez faire? — lui demandais-je en allemand.

— Oh! — répondit-il, — la saison n'est pas heureuse, et si je puis rapporter quelques truites, je serai bien content.

— Vous pêchez ainsi toutes les nuits?

— Oui, monsieur. Il faut bien nourir sa famille.

— Et la vôtre est nombreuse?

— Une femme et cinq enfants... Oh! je ne me plaindrais pas si mes filets étaient meilleurs, mais ils sont comme moi, ils commencent à vieillir, et les mailles s'entr'ouvrent quelquefois et laissent échapper le poisson.

— Vous ne gagnez donc pas assez pour pouvoir en acheter des neufs?

— Dame, monsieur. Quand je rapporte un florin à la maison, ce jour-là, c'est jour de fête, mais quand sept bouches se sont nourries avec, il ne reste pas grand'chose.

— Combien coûtent des filets neufs?

— Oh! une somme énorme.

— Mais encore?

— Une trentaine de florins.

— Voulez-vous nous passer de l'autre côté du fleuve? — lui demandai-je.

— Bien volontiers, monsieur.

Je fis entrer la duchesse dans la barque, et le pêcheur saisit ses avirons.

Arrivés au milieu du Rhin :

— Jetez vos filets ! — dis-je au pêcheur.

— Pas ici, monsieur. Ce serait inutile, — me répondit le pauvre homme.

— Pourquoi?

— Nous sommes trop près de la ville. Les bateaux à vapeur qui se croisent à cet endroit effrayent le poisson ou le tuent.

— Qu'importe? Essayez. La présence de madame vous portera bonheur.

Le pêcheur secoua la tête en signe qu'il n'apportait pas grande croyance en ma prédiction, mais néanmoins il se disposa à obéir.

La duchesse regardait sans prononcer un mot.

Je pensais qu'elle ne comprenait pas l'allemand. Je me trompais, ainsi que vous allez le voir.

Le pêcheur avait jeté ses filets et s'apprêtait à les retirer.

Lorsqu'ils les ramena à bord, ils étaient vides.

— Vous voyez, sir Williams, que ma présence ne

porte pas bonheur, — dit la duchesse qui avait attentivement suivi l'opération du pêcheur.

— Vous vous trompez, madame, — répondis-je en jetant dans les filets mouillés ma bourse, qui contenait environ deux cents louis de France.

Le pêcheur se précipita.

— Oh! monsieur! ne vous jouez pas d'un pauvre homme! — me dit-il avec une émotion extrême et en me tendant la bourse qu'il venait de ramasser.

— Je ne me joue pas de vous, mon ami. Je vous ai dit que la présence de madame vous porterait bonheur, et je n'ai pas menti. Maintenant, ramenez-nous à terre, car la brise fraîchit singulièrement.

La duchesse ne me dit pas un mot. Seulement elle semblait émue.

Lorsque nous abordâmes devant Mayence, le pêcheur s'agenouilla en pleurant et baisa le bas de la robe de ma compagne.

Nous lui fîmes nos adieux, et nous nous dirigeâmes vers l'hôtel sans échanger une parole.

La duchesse quitta mon bras sur le seuil de son appartement, et comme je m'inclinais pour la saluer, elle me tendit la main.

— Sir Williams, — dit-elle, — je vous remercie de m'avoir mise à même de connaître votre cœur.

— Madame, — répondis-je, — la première fois que Buckingham vit la reine Anne d'Autriche, il voulut, raconte-t-on, que ce moment où il avait eu le bonheur de contempler la femme qu'il devait aimer fût béni par un autre encore que par lui. Il détacha une agrafe de diamant qu'il portait sur l'épaule et la lança par une fenêtre. C'était une fortune qu'il mettait à la merci du premier venu. J'ai l'honneur de descendre en ligne directe du célèbre ministre de Charles Ier. Cette journée a été pour moi l'une des plus douces de celles que l'on conserve précieusement au fond de son souvenir. Mon bonheur était grand, j'ai voulu qu'un autre le partageât, et que le fleuve, cause et témoin de ma joie, fût la cause et le témoin de la joie d'un autre.

La duchesse parut vouloir me répondre, mais elle s'arrêta, et retirant sa main que j'avais gardée dans les miennes, elle murmura les mots : *A demain !* et s'enfuit dans ses appartements.

Cette petite scène, mon cher Robert, pourrait peut-être, je le confesse, passer pour une déclaration d'amour.

Vous la jugez sans doute ainsi, mais, si cela est, je vous dirai que vous avez grand tort.

Je m'étais laissé entraîner plus encore par la beauté de la nature que par celle de la femme qui s'appuyait sur mon bras. J'avais agi sans réflexion, sans arrière-pensée, et la phrase que j'avais débitée à la duchesse était vraie dans l'acception rigoureuse des mots. Celui d'amour n'était nullement sous-entendu et ne pouvait s'échanger contre le mot : bonheur, que j'avais seul prononcé.

La duchesse comprit parfaitement ce qui s'était passé en moi, car, le lendemain, elle ne dit pas une parole qui pût éveiller le souvenir de ce qui s'était passé la veille.

XII

Don Paquo.

— Je ne vous décrirai pas, heure par heure, les incidents de notre voyage de Mayence à Strasbourg, — poursuivit sir Williams. — Nous mîmes trois jours pour accomplir ce trajet.

La duchesse devait prendre le chemin de fer français pour traverser l'Alsace et se rendre à Bâle.

Nous arrivâmes dans l'après-midi à Kehl, et le soir même nous prenions l'express. J'avais fait cette remarque que chacun des jours qui rapprochaient la duchesse du terme de son voyage la voyait plus rêveuse. On eût dit qu'elle arrivait avec une appréhension douloureuse à ce but vers lequel cependant elle se précipitait sans s'arrêter.

Une pensée intérieure, que je ne pouvais deviner, assombrissait sa conversation ordinairement vive et légère, et enchaînait sa liberté d'esprit.

La parole qu'elle m'avait fait donner me défendait de l'interroger à ce sujet.

Peu à peu sa tristesse me gagna et me ramena aux lugubres idées qui s'étaient envolées durant les jours précédents. Le spleen me reprenait, et l'idée de la mort m'obsédait de plus en plus.

Je songeais avec chagrin qu'il me faudrait attendre encore près de quatre mois pour accomplir mon projet.

Maintenant que je puis analyser davantage les sensations que j'éprouvais alors, je vous affirme, Robert, que je n'étais pas encore amoureux de la duchesse.

Je subissais le charme, il est vrai; je ressentais un plaisir que je ne pouvais me dissimuler, à passer mes heures auprès de la jolie voyageuse, je reconnaissais et je me plaisais à détailler tous les trésors de son esprit, et toutes les beautés dont la nature avait été si prodigue envers elle, mais l'amour n'avait pas encore parlé à mon cœur, et dans nos conversations précédentes, rien, depuis la petite scène du pêcheur, n'avait pu déceler la passion dont je devais bientôt reconnaître l'empire.

Un mot devait faire jaillir la lumière, mais ce mot n'avait pas encore été prononcé lorsque nous nous installâmes dans le wagon du chemin de Strasbourg à Bâle.

La duchesse était rêveuse, je vous l'ai dit, et de mon côté je me livrais corps et âme au spleen qui avait de nouveau enfoncé sa griffe de fer dans les lobes de mon cerveau.

Lorsque la conversation se ranima entre nous, je me laissai emporter par le courant d'idées qui me dominaient, et du dégoût de la vie qui perçait à travers mes moindres paroles, j'en arrivai promptement à l'apologie de la mort.

La duchesse m'écoutait en relevant sur moi ses grands yeux étonnés.

Evidemment elle ne comprenait rien à ma manière de voir.

Pour la convaincre je lui détaillai ce qui se passait en moi, et je lui racontai ma résolution bien arrêtée de quitter la terre, et le moyen que j'étais résolu à employer pour faire mon excursion dans la mort.

Lorsque j'eus achevé, elle ne me répondit pas et, quelques moments après, détournant la conversation, elle ne me dit rien pour combattre ma détermination.

Notre entretien reprit ses allures vives et légères des jours précédents.

Enfin nous dépassâmes la dernière station, et quelques minutes à peine nous séparaient du terme du voyage. Déjà le sifflet de la locomotive nous annonçait l'approche du débarcadère, lorsque la duchesse me saisissant brusquement la main et me regardant avec fixité :

— Sir Williams, — dit-elle, — vous avez voulu plaisanter tout à l'heure lorsque vous me parliez de ces affreux projets ?

— Je ne connais rien de plus sérieux que ma résolution, madame, — répondis-je vivement.

— Quoi ! vous voulez mourir ?

— Oui, madame !

— Rien ne vous attache donc plus à la terre ?

— Rien !

— Pas un amour, pas même un souvenir, pas la moindre espérance ?

— Si mon cœur possédait un souvenir, si mon cerveau se berçait d'une espérance, évidemment je ne serais pas fatigué de la vie et je demeurerais dans ce monde pour me rappeler et pour attendre.

En ce moment nous arrivions à Bâle.

J'offris la main à la duchesse et elle s'élança légèrement à terre.

— Voilà la voiture de don Paquo, — me dit-elle en désignant une calèche élégante qui stationnait dans la cour du débarcadère. — Mon beau-frère est là, sans doute...

— Permettez-moi, madame, de vous conduire jusqu'à lui, — interrompis-je en retenant son bras qu'elle voulait dégager.

Nous franchîmes la courte distance qui nous séparait de la porte de sortie.

Arrivés près du seuil, la duchesse s'arrêta :

— Sir Williams, — dit-elle vivement et à voix basse, — je vous défends de mourir. Je vous le défends, entendez-vous?... Ne répondez pas! Vous m'avez dit que pour rester dans la vie, il vous faudrait un souvenir et une espérance : eh bien! voici le souvenir, je vous ordonne de vivre !

Et laissant glisser son bras sur le mien, elle mit dans ma main ouverte quelques fleurs de myosotis qu'un enfant lui avait offertes à la station de Mulhausen.

Je demeurai stupéfait et je sentis le sang me monter au visage. Ma poitrine me sembla un moment trop petite pour contenir les battements de mon cœur.

— Et l'espérance ? — balbutiais-je.

La duchesse ne me répondit pas. Elle me quitta brusquement et s'élança dans la salle voisine. Je la suivis.

Un grave personnage, celui-là même que vous avez vu ce soir dans sa loge, fit quelques pas au-devant d'elle et lui baisa la main.

La duchesse se retourna vers moi.

— Mylord, — dit-elle, — j'ai l'honneur de vous présenter M. le duc de Sandoval, mon beau-frère.

Puis, pendant que je m'inclinais, elle énuméra mes noms, titres et qualités à don Paquo, qui s'inclina à son tour.

— Monsieur, — continua-t-elle en me désignant, — a été pour moi un aimable compagnon de voyage auquel je dois de nombreux remercîments pour les attentions qu'il a daigné me prodiguer.

— J'aurai l'honneur d'aller vous remercier moi-même, mylord, dit froidement don Paquo. — Permettez-moi donc de vous demander à quel hôtel Votre Grâce compte descendre ?

Pendant que le duc me parlait, je regardais sa belle-sœur. Je la vis tressaillir et devenir très-pâle, mais cette pâleur et ce tressaillement eurent la durée d'une seconde.

Je me retournai vers don Paquo.

— A l'hôtel des *Trois-Rois*, — répondis-je.

— En ce cas, mylord, demain matin je me ferai annoncer chez vous.

— J'aurai l'honneur de vous attendre, monsieur le duc.

Don Paquo me salua gravement et offrit son bras à la duchesse.

Au moment où la jeune femme montait en voiture, elle laissa tomber son éventail.

Le duc se baissa vivement pour le ramasser.

— Partez ce soir, je le veux ! — me dit rapidement la duchesse en s'élançant.

Don Paquo lui remettait l'évantail qui lui avait échappé.

Il me salua de nouveau, je m'inclinai une dernière fois et la voiture partit rapidement.

XIII

Le myosotis.

— Que diable signifie cela? — me demandai-je à moi-même, en demeurant immobile à la même place.

Puis mes yeux tombant sur les petites fleurs bleues que je tenais dans ma main gauche.

— Est-ce que Tony perdrait son temps à commander son appareil? — me dis-je en m'interrogeant moi-même. — Il me semblait tout à l'heure que mon cœur demandait un sursis? La duchesse est véritablement charmante, et bien heureux serait l'homme qui aurait le droit de balbutier à son oreille de douces paroles d'amour. Elle m'ordonne de vivre, elle me donne le souvenir. Quant à l'espérance, ma question était parfaitement sotte. Une femme n'y pouvait répondre. Maintenant elle veut que je parte aujourd'hui même. Partir! et pourquoi? Ne puis-je donc pas la revoir dans cette ville? En tous cas ne faut-il pas que je reste, ne fût-ce que pour attendre son départ et la suivre. La question est de savoir si je l'aime ou si je ne l'aime pas? Or, il m'est impossible d'y répondre en ce moment. J'ai cent quinze jours devant moi pour réfléchir et pour résoudre le problème.

Sur ce, j'ordonnai au valet qui m'accompagnait de se faire conduire avec mes bagages à l'hôtel des *Trois-Rois*.

Je n'ai jamais aimé Bâle, mon cher Robert, mais la défense d'y séjourner que m'avait faite la duchesse, me donna tout à coup le désir d'y passer quelque temps.

Je voulais, non-seulement être à même de la revoir et de connaître la direction de la route qu'elle prendrait en quittant la ville, mais encore essayer d'éclaircir le mystère qui semblait l'entourer et, pour ce faire, d'assister à ses moindres démarches.

Toute la journée je demeurai plongé dans un véritable océan de réflexions bizarres, dont le flux et le reflux me faisaient constamment changer d'avis.

Bref, après avoir jeté le plomb de sonde dans cet abîme que l'on nomme le cœur humain, je ne pus parvenir à en connaître le fond et, semblable à ces navires qui s'aventurent dans un dédale de brisants, je me laissai entraîner par le courant de mes idées, quitte à faire côte après avoir été à la dérive.

J'étais toujours certain d'entrer au port de la mort dès que je le voudrais, et le jeu que je jouais me paraissait une distraction agréable à l'ennui des quatre mois d'attente.

XIV

Les oranges d'Alicante et les oranges de Malte.

Le lendemain, à huit heures du matin, on vint m'annoncer la visite du duc de Sandoval.

Je me hâtai de m'habiller et de passer dans une sorte de pièce fort mal meublée que mon hôte se plaisait à décorer du titre de salon.

Don Paquo se tenait debout en m'attendant.

Je m'empressai de lui faire les honneurs de mon humble logement.

Après les premières politesses d'usage :

— Mylord, — me dit-il, — je viens vous renouveler les remercîments que madame de Sandoval vous a adressés hier. Il paraît que vous avez été pour elle un compagnon de voyage aussi galant que bien élevé; ce dont je ne doute pas, je m'empresse de vous le dire. Peut-être ma belle-sœur a-t-elle même abusé de votre complaisance chevaleresque, et, à ce propos, je vous prierai d'agréer mes excuses.

La phrase que venait de m'adresser don Paquo était assurément fort polie, mais il y avait dans l'accent avec lequel il l'avait prononcée, quelque chose d'ironique et de blessant qui me fit relever brusquement la tête.

— Monsieur le duc, — répondis-je fort sèchement, — la visite que vous voulez bien me faire m'honore infiniment; mais si elle n'a pas d'autre raison d'être que celle que vous venez de m'énoncer, je vous avouerai qu'elle était complètement inutile.

Don Paquo sourit.

— Rassurez-vous, — me dit-il, — ma visite a un autre but.

— Vous plaîrait-il de m'apprendre lequel?

— Très-volontiers.

— J'ai l'honneur de vous écouter.

— Je m'explique donc, sir Williams, — reprit le duc de Sandoval sans rien perdre de sa froide gravité ni de son esquise politesse. — Il faut que vous sachiez que je suis né à Alicante pendant la durée d'un voyage que mes parents firent en Espagne. Je suis Brésilien de cœur et d'âme, il est vrai, mais j'ai toujours conservé une tendre prédilection pour la ville andalouse qui m'avait vu naître.

— Prédilection parfaitement justifiée par la beauté du pays, — répondis-je.

Don Paquo s'inclina.

— Vous, mylord, — continua-t-il, — qui connaissez toute la surface du globe, vous vous rappelez, sans aucun doute, les environs de la ville que je viens de vous citer.

— Je me les rappelle en effet, — dis-je en cherchant à deviner vers quel but don Paquo dirigeait une conversation si singulièrement commencée.

— Donc, mylord, vous avez connaissance des bois d'orangers qui avoisinent la ville d'Alicante ?

— Parfaitement.

— Ces orangers produisent des fruits en abondance, et ces fruits sont les meilleurs de tous ceux du même genre qui mûrissent sous le soleil.

— Je ne conteste pas, monsieur le duc.

— Pardonnez-moi, vous contestez.

— Plaît-il ? — fis-je avec stupéfaction, car je commençai à soupçonner le duc d'éprouver une atteinte d'aliénation mentale.

Don Paquo me regarda fixement et répéta sa phrase :

— Vous contestez, mylord, et voilà ce que je ne puis souffrir.

— Mais, encore une fois, — m'écriai-je, — je ne vous comprends pas.

— Je m'explique peut-être mal en français, mylord, — répondit mon imperturbable interlocuteur. — J'aurais dû, je le reconnais, employer le passé du verbe et non le présent, et dire : vous avez contesté.

— Ah ! — fis-je après quelques secondes de réflexion, — je crois deviner, monsieur le duc.

— Vous avez une réputation d'esprit que vous méritez, mylord.

— Trêve de compliments, monsieur, et parlons sérieusement. Si je devine le sens caché de vos paroles, et je crois en effet y être parvenu, je dois vous dire qu'il me semble que nous jouons là un singulier jeu.

— Permettez-moi d'achever, mylord. Vous avez dit, jadis, que vous préfériez les oranges de Malte aux oranges d'Alicante.

— Je ne me rappelle pas avoir dit cela, monsieur le duc.

— Si fait, mylord, vous l'avez dit, et si bien dit

même, qu'à cause de ma prédilection bien connue pour les produits d'Alicante, j'ai dû voir dans vos paroles une insulte personnelle. Je viens donc vous demander une réparation ou une rétractation.

— Mais, mon cher Williams, — interrompit Robert, — votre duc était fou, bien réellement fou, et vous ne vous trompiez pas en le supposant !

— Vous vous trompez, Robert, le duc était sage, très-sage même.

— Comment cela ?

— Le duc de Sandoval avait une raison pour désirer croiser l'épée avec moi, raison que j'ignorais alors, que je connus plus tard, — que je vous expliquerai tout à l'heure, et qui a pour quatrième résultat de me conduire demain sur le terrain. De plus, mon cher ami, le duc est un type du grand seigneur d'autrefois, type fort rare. C'est un homme parfaitement élevé, et qui a le plus grand soin de la réputation d'une femme. Il craignait, à juste titre, que cette rencontre entre nous ne portât atteinte à celle de sa belle-sœur, et il ne voulait pas, même de lui à moi, que le nom de la duchesse se trouvât mêlé à cette affaire. La cause du duel qu'il me proposait était mon assiduité des jours précédents auprès de la jeune femme.

— Mais il en était donc amoureux?— interrompit encore Robert avec impatience.

— Ne supposez rien, vous ne devineriez pas; laissez-moi raconter, — dit sir Williams en reprenant son récit. — Sans toutefois me rendre parfaitement compte du motif qui faisait agir don Paquo, je compris admirablement le but vers lequel il tendait, je vous le répète. Aussi, me hâtai-je de lui répondre :

— Monsieur le duc, je ne me rappelle pas les paroles que vous m'attribuez au sujet des oranges de Malte et de celles d'Alicante. Cependant, comme vous m'affirmez que je les ai prononcées, je l'admets et je suis prêt à en accepter toute la responsabilité.

— Vous ne rétractez pas, alors?

— En aucune façon. Une rencontre avec vous est chose trop honorable pour que je cherche à l'éviter.

— Sir Williams, vous êtes un véritable gentleman, — me répondit don Paquo avec un peu d'émotion, — je donnerais dix années de ma vie pour que nous nous fussions rencontrés dans toute autre circonstance, car que je suis certain que, nous connaissant mieux tous deux, une étroite amitié nous eût liés l'un à l'autre. Le hasard en a ordonné autrement, il faut nous soumettre. Nous allons nous battre. Je vous fais mes très-humbles excuses de ce que ma provocation a eu d'un peu brusque et d'un peu barbare. Veuillez considérer que le temps me pressait et vous me pardonnerez, j'en suis certain.

— Je vous dois des remercîments, monsieur le duc, et je ne puis en conscience admettre vos excuses, lorsque vous me faites l'honneur de jouer votre vie contre la mienne.

— Alors, mylord, permettez-moi, avant de croiser votre fer, de vous serrer la main. La mienne n'en aura jamais rencontré d'aussi brave et d'aussi loyale.

— C'est ma propre pensée que vous exprimez, monsieur, — répondis-je en présentant ma main à don Paquo qui la pressa affectueusement. — Maintenant, je suis à vos ordres.

— Eh bien! la matinée est charmante, ma voiture est à votre porte, vous plairait-il de faire une promenade dans la campagne?

— Volontiers.

— Entre gens comme nous, sir Williams, je crois que des témoins seraient inutiles. Est-ce votre avis?

— Tout à fait!

— J'ai mon valet de chambre avec moi, emmenez-le vôtre. Les deux domestiques prendront soin du blessé.

— Ou du mort, — ajoutai-je en souriant. — Ma foi, voici qui pourrait bien m'éviter le voyage de Sicile.

— A propos, mylord, — continua don Paquo en s'arrêtant sur le seuil du salon, — j'oubliais de vous dire que vous avez le choix des armes.

— C'est un choix que je laisse à votre disposition, monsieur le duc.

— Non pas, mylord, je ne l'entends pas ainsi. Vous devez avoir des pistolets de voyage?

— Sans doute!

— Il y a une paire d'épée dans ma voiture. — Veuillez m'indiquer ce que vous choisissez.

— Je n'ai pas de prédilection marquée...

— Alors tirons au sort.

— Soit.

Don Paquo prit un quadruple d'Espagne dans son porte-monnaie.

— Au millésime, — dit-il. — Pair pour l'épée, impair pour le pistolet. Cela vous convient-il?

— Parfaitement.

Le quadruple portait pour millésime : 1814.

Le hasard avait désigné l'épée.

— Partons, — dis-je.

Don Paquo s'inclina et passa devant moi.

XV

Première rencontre.

Un quart d'heure après cette conversation, nous sortions de la ville et nous remontions le cours du Rhin dans la direction de Rheinfelden.

Arrivés à un endroit qui nous parut posséder les conditions convenables de solitude et de terrain, nous mîmes pied à terre.

Don Paquo souleva les coussins de la calèche et en tira une paire d'épées de combat.

La voiture demeura stationnaire et, suivis de nos deux valets de chambre, nous nous enfonçâmes derrière un bouquet d'arbres qui projetait un peu d'ombre sur la campagne avoisinante.

Je pris au hasard l'une des deux épées que m'offrait le duc de Sandoval et, après avoir fait les préparatifs d'usage, nous nous mîmes en garde.

A voir la façon toute galante dont nous nous saluions poliment, et dont le souvenir me fait sourire, je vous jure qu'un spectateur qui nous eût regardés de loin, eût pu croire à un assaut avec des fleurets mouchetés et non pas à un combat véritable.

— Êtes-vous prêt, mylord? — me demanda le duc de Sandoval.

— A vos ordres! — répondis-je.

Le combat s'engagea.

Vous prétendiez, il y a quelques instants, mon cher commandant, que j'étais d'une force suffisante en matière d'escrime.

Je me suis trouvé plusieurs fois à même de constater cette force, que m'ont donnée le hasard et l'étude, et surtout l'habitude. Vanité à part, je puis avouer que je suis un habile tireur.

La conscience que j'ai de mon adresse, et de la justesse de mon coup d'œil, m'a toujours fait éviter un genre de duel dans lequel les avantages se fussent trouvés trop de mon côté.

Avec le duc de Sandoval, j'avais été contraint à mettre l'épée au vent, mais je me promettais de ménager mon adversaire, que je n'avais aucune raison plausible de tuer ou de blesser.

Je me contentai donc de demeurer sur la défensive, parant les bottes vives et précipitées qui m'étaient portées et espérant lasser le duc par ma patience. Cependant je m'aperçus promptement que je jouais un jeu des plus dangereux. Don Paquo était d'une adresse merveilleuse, d'un sang-froid superbe et il maniait l'épée comme Saint-Georges lui-même. Il avait la main légère, la parade prompte et la riposte foudroyante. Je compris que si je me défendais mal, j'étais en véritable péril de mort.

Par une de ces contradictions stupides, qui sont le propre de notre pauvre esprit humain, je voulais bien me tuer, moi-même, mais je ne voulais pas qu'un autre me tuât. Le fer de don Paquo, en effleurant ma poitrine, me fit changer de tactique. Animé par le danger, je me laissai aller et j'attaquai à mon tour.

Au bout de quelques secondes, nous nous arrêtâmes d'un commun accord pour reprendre haleine.

Pas un mot ne fut échangé entre nous. La lutte

nous avait excités, le sang nous montait au front et nos yeux lançaient des éclairs.

Nous retombâmes en garde.

Cette fois, le combat ne fût pas long. A peine engagés, don Paquo fit une feinte et me porta un coup avec une rapidité telle que, sans voir le fer, je le sentis me trouer la poitrine. Je glissai sur le gazon sans perdre connaissance.

Le duc de Sandoval se précipita vers moi.

— Au nom du ciel! — s'écria-t-il, — croyez-vous être blessé mortellement?

— Je ne le crois pas, — répondis-je, — j'ai la respiration libre.

— Eh bien! sir Williams, — continua le duc en se penchant vers moi, — que ce duel nous suffise à tous deux. Ne parlez jamais à la duchesse, je vous en prie. Vous me comprenez, n'est-ce pas?

— Pardon! monsieur le duc, — répondis-je en faisant un effort pour sourire, et en me rappelant un vieux mot dont l'application était de circonstance, — je suis atteint, mais je ne suis pas convaincu.

Le duc fit un mouvement d'impatience, mais il n'ajouta pas un mot. Il me prodigua ses attentions et ses soins.

Aidé par les deux valets qu'il appela, il me transporta le plus délicatement possible dans la voiture ; puis, il voulut monter lui-même sur le siége, afin de conduire et d'éviter ainsi tous les accidents de terrain qui pouvaient m'être nuisibles dans ma situation.

Une fois arrivés à Bâle, les valets me transportèrent dans mon lit. Don Paquo envoya chercher un chirurgien. Il voulut assister au sondage et au pansement de la plaie.

— La blessure est profonde, mais elle n'a attaqué aucun des organes essentiels. Je réponds de la vie du malade, — dit le chirurgien.

Don Paquo laissa échapper un soupir de satisfaction, puis profitant d'un moment où le chirurgien et les valets n'étaient pas dans la chambre :

— Mylord, — me dit-il vivement, — je vous en conjure, soyons amis. Je me sens entraîné vers vous par la puissance d'une sympathie sincère...

— Soyons amis! Certes, je ne demande pas mieux, — répondis-je.

— Eh bien! ne cherchez jamais à revoir la duchesse!

— Je ne puis pas vous promettre cela, monsieur.

— Pourquoi?

— Parce que je ne veux pas engager l'avenir. Et puis, que vous dirai-je? moi qui n'ai jamais eu l'esprit de contradictions, je sens en moi un désir effréné de faire ce que vous ne voulez pas que je fasse. Demandez-moi autre chose...

— Sir Williams, est-ce donc de la rancune?

— Pour le coup d'épée que je viens de recevoir? Sur ma foi! je vous tends une main amie. N'ayez pas cette pensée qu'après un duel loyal, je puisse garder rancune à mon adversaire. Non, ce n'est pas cela.

— Qu'est-ce donc?

— Mais, je ne sais ce qui est. Tout ce que je puis vous dire, c'est que je ne puis promettre!

— Soyez franc! vous aimez la duchesse?

La voix de don Paquo était rauque, en prononçant ces paroles:

— Ma foi! cela se pourrait bien, — dis-je en obéissant à ma propre pensée, — j'ignorais tout à l'heure encore ce qui se passait dans mon cœur, mais votre coup d'épée m'a ouvert les yeux en me trouant la poitrine, et votre question me fait constater la vérité.

— Vous parlez sérieusement?

— Très-sérieusement.

— Alors, advienne que pourra! Adieu, mylord.

— Au revoir, monsieur le duc.

Don Paquo sortit vivement. Je retombai épuisé.

Une heure plus tard la fièvre s'emparait de moi, et le délire troublait mon cerveau. Six semaines après j'étais guéri.

La duchesse et son beau-frère avaient quitté Bâle, le jour même où la fièvre avait diminué, et où le délire avait cessé avec le danger.

Toutes mes recherches aboutirent à savoir qu'ils avaient repris la route de France.

XVI

La lettre.

Lorsque je fus en état de m'occuper de mes affaires, on me remit une lettre de Tony. Il m'écrivait que son appareil serait bientôt terminé et que je prenne patience.

Ce fut une sorte de consolation pour moi, car, au souvenir de la duchesse, je sentais mon cœur épris chaque jour davantage.

Un matin, mon médecin entra dans ma chambre. Il venait me faire sa dernière visite, une jeune fille l'accompagnait.

— Mylord, — me dit le digne praticien qui m'avait fait oublier mes trois amis de Londres, — voici une jeune fille qui désirait vivement vous parler, et j'ai pris la liberté de l'amener.

Cela dit, il se retira discrètement à l'écart.

— Approchez, ma belle enfant,—dis-je en m'adressant à la jeune fille qui s'avança timidement. — Vous avez à me parler ?

— Oui, mylord.

— De quelle part ?

— De la part d'une dame...

— D'une dame de la ville ? — dis-je avec un étonnement d'autant plus grand que je ne connaissais personne à Bâle.

— Oh ! non ! — répondit la jeune fille.

— D'une dame étrangère alors ?

— Oui, mylord.

Mon cœur battait avec violence.

— Et... où est cette dame ? — demandais-je.

— Elle est partie.

— Partie ?

— Depuis plus de quinze jours.

— Ah !... Qui donc est cette dame ?—repris-je avec un trouble que je n'essayai même pas de dissimuler.

— Je ne sais pas son nom, — répondit ma jeune interlocutrice. —Tout ce que je puis vous dire, c'est que c'était une dame bien jolie, qui avait l'air bien doux et bien triste, et qui est partie dans une belle voiture avec un beau monsieur et beaucoup de domestiques.

— Et de quelle commission vous a-t-elle chargée pour moi ?

— Comme je suis la nièce de la propriétaire du logement qu'elle habitait, elle me voyait souvent. La veille de son départ, elle me fit venir et elle me remit une lettre pour vous.

Mon cœur battait à tout rompre.

— Et cette lettre, où est-elle ? — demandai-je.

— La voici, mylord.

La jeune fille me tendit un petit billet que je saisis avec avidité.

— Pourquoi ne m'avoir pas remis cette lettre plus tôt ? — dis-je avec impatience.

— Oh ! monsieur. Cette dame m'avait bien recommandé de ne vous donner cette lettre que quand vous seriez complètement guéri. Tous les jours je demandais de vos nouvelles au docteur, et c'est ce matin seulement qu'il m'a dit que vous n'étiez plus malade.

La jeune fille, en achevant ces mots, me salua et sortit.

Je brisai le cachet de l'épître que je tenais entre

les mains, et qui, je n'en pouvais douter, était bien de la duchesse de Sandoval.

Cette épître, la voici, Robert, — continua sir Williams en ouvrant un petit meuble en bois de rose et en remettant à son ami un petit carré de papier plié en quatre.

Robert prit la lettre et l'ouvrit. Il lut à demi-voix :

Sir Williams, vous êtes noble et brave, je le sais.

Peut-être ai-je compris mieux que vous-même ce qui se passait au fond de votre cœur.

Le danger ne vous effraye pas, et j'ai besoin de vous: donc, cherchez à me revoir, et vivez pour me prêter l'appui que je réclame.

Régine.

— Cette lettre, mon cher Robert, bouleversa mes idées, — reprit sir Williams. — J'aimais la duchesse, et après m'avoir accordé le souvenir, il me semblait qu'elle me donnât l'espérance. Je résolus donc de vivre, ainsi qu'elle me l'ordonnait.

L'existence m'apparut sous un jour nouveau. Je pouvais être utile à une femme qui réclamait mon appui, je n'avais plus le droit de mourir.

— Oui, — m'écriai-je dans un premier transport d'amour, — oui, je vivrai, et dussé-je fouiller la terre jusqu'en ses profondeurs, je reverrai Régine, et je lui dirai que je l'aime !

Mes forces étaient revenues, je ne voulus pas séjourner une heure de plus à Bâle, et je m'élançai sur la route de Paris. Je n'avais aucun indice sur le pays vers lequel s'était dirigé le duc de Sandoval, mais il me semblait que, dans la grande ville, j'obtiendrais facilement tous les renseignements désirables.

Avant de partir, j'avais écrit à Tony de suspendre les travaux concernant son appareil, et de venir me rejoindre au plus vite. La vie m'apparaissait belle et émouvante, je voulais empêcher mon fidèle serviteur de commettre le crime que j'avais rêvé moi-même.

J'aimais, Robert ! j'aimais de toute la force d'un amour irrésistible, rendu plus impérieux et plus vivace encore et par la difficulté des recherches auxquelles j'allais être contraint à me livrer, et par le danger que l'épée du duc faisait planer sur ma tête, et par la certitude enfin de voir la duchesse saluer mon arrivée près d'elle comme celle d'un libérateur.

XVII

Les dents de l'amour.

— Mon cher commandant, — continua sir Williams, tandis que Robert prêtait au récit de son ami une attention manifestement croissante, — mon cher commandant, il existe dans votre langue française un adage qui dit : *On n'aime bien qu'une fois.*

En dépit d'un autre adage, qui prétend que les proverbes sont la sagesse des nations, l'affirmation que je viens de vous citer est parfaitement fausse.

La première fois que l'on aime, on aime mal, et d'autant plus mal qu'il est fort rare que l'on sache bien placer son premier amour.

L'homme, la première fois qu'il sent battre son cœur, aime de toutes ses forces, il est vrai, mais il se laisse entièrement subjuguer par le sentiment qui s'empare de toutes ses facultés, qui fait fonctionner toute sa machine dans l'unique espoir d'atteindre un seul but, négligeant tout ce qui parait étranger à ce but vers lequel il aspire.

Dans ce cas, l'homme obéit à un besoin de la nature plutôt qu'à une passion véritable, et, pour me servir d'une comparaison triviale, mais qui rend admirablement ma pensée, je vous dirai, Robert, que le premier amour perce dans le cœur comme la première dent perce dans la bouche.

La première dent, la première des dents de lait, ainsi qu'on l'appelle, détermine, pour parvenir à percer la chair des gencives, des convulsions et des spasmes, elle cause une sorte de perturbation générale dans l'organisme, et elle fait naître avec elle les premières douleurs véritables du corps.

Puis, au bout de quelques années, cette dent tombe d'elle-même; quelqu'une, plus tenace, doit être extirpée violemment, mais enfin, tenace ou non, elles font toutes place à celles qui leur succèdent et qui doivent rester.

Or, si la première dent est la première douleur de la première enfance, le premier amour est aussi la première douleur de la première jeunesse.

Pour éclore dans le cœur, il le torture et le fait saigner, lui imprimant ses premiers battements. Et cependant, cet amour n'est pas plus immuable que ne l'est la première dent de lait.

Après quelques temps d'existence, il s'ébranle et tombe de lui-même. Quelquefois, il est vrai, il faut l'arracher, mais le vide qu'il laisse est promptement comblé.

Le cœur ne tarit pas et ne se dessèche jamais, Robert. Les gens qui prétendent le contraire, sont des insensés qui ne connaissent pas ce dont ils parlent ou des orgueilleux qui posent par sottise.

Dans la première jeunesse on gaspille les trésors du cœur comme on prodigue les richesses du patrimoine.

Il arrive une heure où la caisse se trouve à sec, où le cœur devient un moment aride, mais cette sécheresse n'a qu'un temps, cette aridité n'est que momentanée. C'est un arrêt nécessaire, c'est un besoin de repos qu'éprouve l'existence, et ce repos lui rend des forces plus grandes encore.

Dans le premier cas, c'est à la raison et au travail à réparer le désastre ; dans le second, c'est à la nature à agir, et comme elle est plus puissante que les facultés humaines, elle répare plus vite et mieux.

Pour une illusion perdue, elle en prodigue vingt nouvelles.

Des illusions! mais on en a toujours, on en a jusqu'au dernier moment de la vie, on en a jusqu'au bord même du suicide!

Le dégoût des choses et des gens de ce monde qui conduit sur le seuil de la tombe et pousse à en soulever le couvercle pour regarder dans l'éternité, n'est qu'une maladie morale résultant d'une maladie physique et non de la perte de ces illusions sans lesquelles on ne saurait même pas mourir.

La preuve en est qu'on croit trouver le calme et le repos en cherchant la mort, n'est-ce pas? Qui peut dire que cela ne soit pas une illusion suprême? A coup sûr, ce n'est qu'une supposition motivée par le désir.

Donc la cervelle est pleine d'illusions; mais si à vingt ans on sent et on ne raisonne pas, à trente on raisonne et l'on sent encore.

L'illusion de l'homme de trente ans est plus tenace que celle de l'homme de vingt, parce qu'elle s'appuie sur l'orgueil, ce grand moteur de la machine humaine.

On croit être plus sage parce qu'on a plus vécu, on croit être moins sujet à s'égarer parce qu'on connaît davantage la route de la vie, on se croit désillusionné, en un mot, parce que l'on prend ses illusions pour des réalités.

Or, Robert, l'amour n'existant que par le fait des illusions, l'amour n'est lui-même qu'une illusion perpétuelle.

Il faut donc conclure de ce que je viens de vous dire, que l'amour qui survient au cœur âgé de trente ans est plus puissant ou plus enraciné, si vous voulez, que celui qui est venu au cœur âgé de vingt ans.

— Cela peut s'expliquer, Williams, — dit le chef d'escadron, — parce qu'à trente ans l'homme sent plus fortement qu'à vingt. Ses douleurs sont plus vives, ses joies plus grandes, ses émotions plus contenues...

— Et ses illusions plus grandes encore, je le répète, mon cher, parce qu'elles s'étayent sur le raisonnement. Au reste, je ne veux pas discuter les causes je ne veux démontrer que l'effet.

— Et vous en concluez ?

— Que le second amour qui s'empare toujours du cœur de l'homme est plus solide que le premier, comme les dents de sept ans sont plus solides que les dents de lait.

Faut-il ajouter qu'il peut survenir un troisième

amour comme il survient une troisième série de dents, les *dents de sagesse ?* Cet amour là devrait se nommer l'*amour de la folie*, puisqu'il naît d'ordinaire à un âge où il devient ridicule. Le point de ressemblance qu'il possède avec les dents en question est la somme de douleurs plus vives qu'il apporte avec lui.

Pour continuer la comparaison jusqu'au bout, il faut dire encore que la vieillesse perd en même temps et les unes et l'autre.

Bref, mon cher commandant, nier que le cœur de l'homme puisse ressentir deux amours, serait nier l'évidence et le second, suivant moi, ou pour mieux dire, suivant les observations que j'ai faites à cet égard, le second, Robert, est au-dessus du premier comme un tableau achevé est au-dessus d'une ébauche.

Etes-vous de mon avis ?

— Mon cher Williams, votre proposition prête énormement à la controverse et, j'avoue, en toute humilité, que mes études en pareille matière sont trop pauvres pour qu'il me soit permis de discuter. Sur quoi vous appuyez-vous encore pour supposer que le second amour soit supérieur au premier ?

— Sur ceci, cher ami : le but de l'amour n'est-il pas le bonheur mutuel de deux êtres créés ?

— Sans doute.

— Vous reconnaissez la vérité de mon point de départ, alors ?

— Parbleu !

— Eh ! bien, dans l'élan d'une première passion, ce point de départ est absolument faux.

La fougue qui s'empare de l'homme lui fait dépasser le but, car ce qu'il aime avant tout c'est l'amour lui-même, bien plus encore que la femme qui l'a fait naître.

La raison est exilée du cerveau et fait place à la fièvre. On souffre et l'on fait souffrir. On se tue quelquefois à la suite d'un premier amour, jamais à la suite d'un second.

Cela prouve-t-il qu'on aime mieux la première fois ? Non. Cela prouve seulement que le degré de folie est plus intense.

Aimer réellement, c'est vouloir le bonheur de la personne qu'on aime, c'est éloigner d'elle avec un soin minutieux tout ce qui pourrait ternir ce bonheur, c'est, en un mot, offrir chaque jour le sacrifice de soi-même ce dont est incapable une passion fiévreuse qui, le plus souvent, nous fait agir et parler en sens inverse de notre volonté et de notre pensée.

Pour aimer réellement, il faut donc raisonner son

amour. Or, pour raisonner son amour, il ne faut pas se laisser entraîner complétement par lui ou du moins il faut être assez fort pour parvenir à le dominer.

L'amour est une science qui exige un apprentissage, une première école, et, comme la science infuse n'est nullement de la nature humaine, il faut apprendre pour parvenir à savoir.

Eh bien ! quand on sait, on n'aime déjà plus ce qu'on vient d'aimer : la science a coupé le cou au premier amour et se nourrit de son cadavre.

Donc, j'en reviens à mon point de départ, et j'en conclus définitivement que l'homme n'aime bien que pendant la période d'un second amour, car alors il appuie sa folie, puisque folie il y a, de tout le poids de son expérience et de sa raison, et qu'une folie raisonnée est incontestablement supérieure à une folie instinctive.

— Ce qui veut dire, Williams, que l'amour d'un homme qui a déjà senti battre son cœur, doit plus flatter l'orgueil de la femme à laquelle il le donne, que s'il jetait aux pieds de cette femme les prémisses de sa passion.

— Vous êtes dans le vrai.

— Eh bien ! soit ! j'adopte vos conclusions.

— Et vous me pardonnez ce petit cours de psychologie ?

— Parbleu !

— Alors, passez-moi un cigarre. Là ! dans la coupe près de vous...

— Voici,—répondit Robert, en offrant un régalia à son ami.—Et,—continua-t-il,—c'est ce second amour que votre cœur ressentit pour la belle duchesse.

— Oui, Robert, et si je vous ai expliqué si longuement mes théories amoureuses, cela n'a été que pour vous faire mieux comprendre la force des sentiments qui m'agitaient.

XVIII

Un coup de mer.

— Maintenant, je reprends mon récit — dit sir Williams après un léger silence.

Je vous ai dit qu'en quittant Bâle, j'écrivis à Tony de venir me rejoindre et que je me dirigeai vers Paris. A peine arrivé, je me mis à fouiller la grande ville. En moins de huit jours je fus convaincu de l'inutilité de mes recherches. Le duc de Sandoval et sa belle-sœur n'avaient pas traversé la France.

Où étaient-ils allés ? Là était la question à résoudre. En Espagne peut-être? Je résolus de m'y rendre immédiatement.

La veille de mon départ, Tony arriva. Sa vue me fit plaisir.

— Tony, — lui dis-je, — il faut remettre à d'autres temps notre partie de plaisir. Je suis, momentanément du moins, raccommodé avec la vie.

— Mylord dit vrai ? — s'écria le brave garçon.

— Mais oui.

— Que le ciel soit béni alors !

— Comment, Tony, n'auriez-vous plus vous-même le désir du suicide ?

— Mais je ne l'ai jamais eu, Mylord.

— Que me dites-vous-là ?

— Je dis que depuis longtemps je suivais avec inquiétude les progrès de la maladie dont Mylord est guéri maintenant.

— Ah çà ! vous êtes donc médecin, Tony ?

— Non, Mylord, mais je n'ignore pas que la contradiction est, par rapport au spleen, le marteau qui enfonce le clou. Si j'avais essayé de détourner Mylord de son projet lorsqu'il voulait mourir, il se serait tué à Londres.

— C'est présumable, Tony.

— Tandis qu'en entrant dans les vues de Mylord, et en lui proposant un mode de suicide qui demandait un certain temps pour l'accomplir, j'avais l'espérance que pendant ce laps de temps, Mylord pourrait rencontrer telle circonstance qui le guérît et changeât le cours de ses idées.

— Et votre espérance s'est réalisée, Tony. Toujours est-il que je vous dois la vie et, comme à partir de ce jour vous n'êtes plus mon valet, mais bien mon confident, je ne veux rien vous laisser ignorer de ce qui s'est passé en votre absence.

Sur ce, mon cher Robert, je racontai fidèlement à ce modèle des serviteurs passés, présents et futurs, tous les moindres incidents de mon voyage et les causes qui avaient déterminé mon amour pour la jolie duchesse. Lorsque j'eus achevé, Tony réfléchit longuement.

— Mylord est convaincu que cette dame n'a pas passé par Paris ? — me demanda-t-il.

— Sans doute, Tony !

— Mylord a envoyé à la préfecture de police ?

— J'y suis allé moi-même.

— Vous avez vu les registres sur lesquels sont inscrits les noms de tous les étrangers ?

— Oui.

— Celui du Duc n'y était pas ?

— Non.

— M. le Duc de Sandoval a des relations avec l'Espagne, peut-être s'est-il rendu dans ce pays.

— J'y pensais.

— Peut-être aussi s'est-il embarqué pour l'Amérique et est-il retourné au Brésil.

— Toutes ces suppositions sont possibles, Tony.

— Mylord a-t-il décidé quelque chose ?

— Je voulais me rendre en Espagne.

— Mylord veut-il me permettre de donner mon avis ?

— Sans doute, parlez !

— Nous devrions partir pour Gênes...

— Pour Gênes ?

— Oui. Le yacht est arrivé sans aucun doute.

— Ensuite ?

— Nous nous rendrons par mer à Barcelone d'abord, puis à Gibraltar, à Cadix, à Lisbonne, dans tous les grands ports de la péninsule enfin, recueillant partout des indices sur le passage du Duc. Nous laisserons dans chacune de ces villes un domestique intelligent chargé de nous renseigner si le Duc survenait après notre départ. Je dis le Duc, car je ne suppose pas qu'il se sépare de nouveau de madame la Duchesse.

— Je ne le suppose pas non plus.

— Si notre voyage sur les côtes d'Espagne est infructueux, nous suivrons celles de France et nous irons en Angleterre. Lorsque nous aurons constaté que le Duc ne s'est pas embarqué, nous serons certains qu'il est demeuré en Europe, et alors la recherche se simplifiera. Dans le cas où il se croiserait avec nous pour retourner au Brésil, nous serions avertis par nos émissaires. C'est une simple question de temps et d'argent.

— Ce qui n'est rien, Tony.

— Mylord approuve donc ?

— Entièrement.

— Alors je vais partir sur l'heure. J'arriverai à Gênes avant Mylord, et je ferai préparer le yacht.

Le jour même, Tony courait sur la route d'Italie et je le suivais au plus près. Je descendis de ma chaise de poste pour monter sur le pont de mon navire et je présidai moi-même au départ.

Sept jours après nous touchions à Barcelone par un temps exécrable. Le Duc ni la Duchesse n'y avaient pas passé. J'y laissai un valet muni des renseignements nécessaires et je remis à la voile.

A la hauteur du cap Palos, nous fûmes assaillis par un coup de vent d'Est qui nous entraîna vers le détroit de Gibraltar. C'était vers ce port que je me dirigeais ; les éléments m'étaient donc favorables.

Plus nous nous rapprochions des côtes d'Afrique, plus le vent augmentait d'intensité. Le yacht nageait entre deux eaux.

Aucune avarie sérieuse cependant n'arrêtait notre navigation. Au coucher du soleil, nous eûmes en vue la montagne des Singes. A notre gauche, nous avions donc la pointe de Gibraltar à doubler pour gagner le port.

Je commandais moi-même la manœuvre. J'aime à accomplir ces fonctions de chef quand il s'agit de lutter contre le danger. Le vent soufflait avec une force extrême. A la nuit, un brouillard opaque nous entoura tout à coup. A peine apercevions-nous le phare. Mes matelots luttant contre la fatigue et la tempête redoublaient d'énergie. Ce fut en vain. Le vent et les courants nous emportèrent comme une flèche et nous doublâmes la baie sans pouvoir pénétrer dans ses eaux.

J'espérais entrer à Tanger, mais pour cela faire, il fallait attendre le jour, car l'accès de ce port ou plutôt de cette rade est impossible pendant la nuit. Aucun feu n'indique la côte.

Il fallait donc essayer de courir des bordées dans ce détroit maudit par un vent d'Est qui nous poussait vers l'Océan. L'opération était dangereuse. Confiant cependant dans la bonté de mon navire et dans l'adresse de mes matelots, je résolus de la tenter.

Je vous répète, Robert, que l'on ne distinguait rien à deux brasses devant soi.

Je donnai les ordres en conséquence. Au moment où l'on orientait les voiles, un cri de détresse retentit à l'avant du yacht.

— Un navire à tribord !

Effectivement une masse noire avec des points lumineux se détacha dans la brume et je reconnus bientôt les feux d'un bateau à vapeur qui luttait contre le vent. Nous courions dessus avec une vitesse incroyable.

Le timonier donna un coup de barre espérant éviter le danger, mais il était trop tard... Les deux navires s'abordaient...

Mon yacht reçut tout le poids du choc. Un craquement effrayant retentit de l'avant à l'arrière, de la cale au pont. Un mât ébranlé s'abattit lourdement. Le yacht coula sous nos pieds.

Une vague monstrueuse acheva ce que le bateau

à vapeur n'avait accompli qu'aux trois-quarts. Je m'élançai...

En ce moment je ressentis une commotion violente à la tête, je fis quelques pas en avant, puis je roulai emporté par une vague.

XIX

Le matelot.

— Votre yacht avait sombré? — demanda Robert.

— Il s'était perdu corps et biens, — répondit sir Williams. — Trois minutes avaient suffi pour voir s'accomplir le désastre.

— Et vous?

— Lorsque je revins à moi, j'étais couché, mais je ne pouvais faire aucun mouvement. J'étais brisé par la douleur.

Sir Williams s'arrêta.

— Mon cher ami — reprit-il — à partir de ce

moment mon récit va être plus clair qu'il ne l'a été, car je ne vais plus raconter, je vais lire.

— Lire ? — dit le chef d'escadron d'état-major, — vous avez donc écrit cette histoire ?

— Oui, c'est-à-dire qu'entr'autres manies, j'ai eu celle, assez récente même, d'écrire mes mémoires. Les mémoires sont le joujou de celui qui les écrit : on s'amuse avec son souvenir en le faisant courir de tous les côtés, comme un chat qui pelotte une boule de papier.

— Cependant — dit Robert — les mémoires sont une bonne chose ?

— Quand ils ne sont pas vrais, oui.

— Ah ! Williams.

— Mon cher, il faut l'avouer, il n'y a pas eu, il n'y a pas et il n'y aura jamais une existence humaine qui soit amusante et agréable d'un bout à l'autre ; l'ennui, le chagrin, les inquiétudes pénibles, occupent les sept huitièmes de la vie depuis la naissance jusqu'à la mort.

— Comment ?

— Qu'est-ce que la vie ?

— Dites-le moi.

— C'est la combinaison de l'inquiétude et de l'incertitude mélangée d'une bonne dose de mensonge.

— De mensonge ?

— Oui, mensonge ou espérance, comme vous voudrez, c'est la même chose. Or, qu'est-ce que vous voyez de gai dans cet assemblage ? Quand on est enfant, on a les tracas de la vie future; quand on est homme, on a les tourments de la vie présente ; quand on est vieux, on a les regrets de la vie passée. Du haut en bas et du bas en haut de la société, tout est ainsi. Je vous demande, mon cher, si un homme qui retracerait fidèlement ses mémoires écrirait un livre amusant.

— Mais il y a des hommes dont l'existence est pleine d'intérêt.

— Vous voulez dire, mon cher Robert, qu'il y a des existences qui traversent des faits pleins d'intérêts, mais ce n'est pas l'existence par elle-même qui est intéressante, ce sont les faits qui sont intéressants.

— Mon cher Williams vous faites là une distinction bien subtile.

— C'est ce qui fait sa force.

— Mais votre existence, à vous,...

— N'est intéressante que par les faits qui s'y rattachent, mon ami, c'est pourquoi j'ai retracé ces faits sur le papier afin de m'amuser à les relire quand je serai vieux. Je me donnerai la lanterne magique de mes années passées.

Williams avait ouvert un petit meuble en bois de citronnier, et il avait tiré d'un tiroir une liasse de papiers.

Il secoua ces papiers légèrement, pour faire séparer les feuilles, puis les plaçant sur sa table :

— Voilà les vues — dit-il — regardez la toile blanche.

Il avait repris place dans le fauteuil, et le corps mollement renversé sur le dossier, il étendit la main pour prendre les premières feuilles du manuscrit.

— Donc — dit-il — j'en étais à cette phrase : « J'étais brisé par la douleur. » Regardez, mon cher, elle est écrite tout au long.

Et Williams se pencha pour faire lire le manuscrit à Robert.

— Je continue, — reprit-il.

« Je demeurai quelques minutes immobile, les yeux ouverts, sans pouvoir me rendre compte de ce que j'étais devenu et de l'endroit dans lequel je me trouvai. Il faisait nuit. Une petite lampe marine suspendue au plafond, jetait autour de moi une lueur blafarde. Je fis un effort pour regarder.

Au premier coup d'œil, je reconnus la cabine d'un navire, et, aux mouvements de tangage que je ressentais, je devinai que j'étais à bord d'un vaisseau qui luttait contre le vent. Je me laissai retomber sur mon cadre.

Vous savez que c'est ainsi que l'on nomme les lits suspendus qui ne sont pas des hamacs et qui servent aux officiers?

Ce mouvement m'arracha un cri de douleur. A ce cri, un matelot ouvrit une porte et se présenta.

— Vous appelez? — me dit-il, — en s'apprêtant à ressortir.

— Oui, — lui répondis-je.

— Je vais aller chercher le docteur...

— Inutile, mon ami. Approchez-vous un peu que je puisse vous parler sans me fatiguer.

— A vos ordres, monsieur.

— A bord de quel bâtiment suis-je?

— A bord du *Burgundy*, vapeur du commerce.

— Il y a longtemps que je suis ici?

— Deux heures environ.

— Qui donc m'y a transporté?

— Moi et les camarades. Il était temps que nous arrivions.

— C'est donc le *Burgundy* qui a abordé mon yacht?

— Oui, monsieur. Mais ce n'est pas la faute du commandant ni celle du pilote.

— Je le sais. Je me trouvais au travers de votre

route, et la nuit était si noire que je n'ai pu voir vos feux.

— Je crois bien! une brume carabinée quoi! c'était à couper au couteau et à servir en tranches sur une assiette.

En lisant cette phrase, Williams sourit.

— Vous voyez, mon cher Robert — dit-il — que j'ai respecté le caractère du langage maritime, c'est de la fantaisie, mais, vous allez me comprendre, L'avantage pour moi d'avoir respecté cette fantaisie, c'est que le souvenir est plus vrai, plus sincère, plus exact et plus précis. En relisant cela, il me semble entendre le matelot qui, debout devant mon cadre, me parlait en gesticulant, et je me reporte à l'époque, à la scène même, et je crois y assister.

— Moi aussi, en vous entendant, mon cher Williams, — dit Robert.

— Oh! pas de compliments. Je n'y croirais pas. Je continue:

« Et le yacht? — demandai-je au matelot.

— Coulé, — me répondit-il.

— Et l'équipage?

— Sauvé, monsieur, vous avez été le dernier repêché et si ce n'était une petite dame que nous avons à bord, vous auriez bu un fier coup à la grande tasse.

— Une dame ?... Comment cela.

— Voilà la chose ! — Si vous ne nous avez pas vu, nous ne vous voyions pas davantage. C'est quand nous avons été sur vous que nous nous en sommes aperçus et il n'était plus temps.

« —La barre à babord ! Fermez les registres ! » que crie le commandant.

« Mais, au diable ! le yacht était déjà sous notre quille.

« — Toutes les chaloupes à la mer ! coupez les bouées ! jetez les bancs et les cages à poules ! — que crie encore le commandant.

« Aussitôt dit, aussitôt fait. V'là qu'on en repêche un.

« — Combien que t'étais à ton bord ? qu'on lui demande.

« — J'étais dix-sept, y compris tout le monde, — qu'il répond.

« C'est bon ! malgré le vent on met en panne, quitte à culer et voilà les chaloupes nageant de tous les côtés. On en rapporte un autre, puis un autre, enfin quinze tous comptés. Il en manquait encore deux à l'appel.

« — Bon ! encore un ! que dit le commandant, — courage les enfants !

« Mais v'là que celui qu'on hissait se met à remuer et à courir sur le pont au milieu des repêchés qu'étaient les uns affalés sur les autres, les autres debout prêts à s'affaler sur les uns, car la secousse avait été rude, que je dis.

« — Où qu'est mon maître ? — que crie celui-là, — où qu'est sir Williams ? un million à qui le sauvera.

« — Sir Williams ! — que crie à son tour une petite dame que nous avions à bord avec un grand monsieur, — ce yacht était celui de sir Williams ?

« — Oui, — que lui répond l'autre en criant encore : — un million ! un million !

« Dam, vous savez monsieur, vous qu'avez navigué, que c'est pas tant l'argent qui donne du cœur au marin. Quand on crie un homme à la mer, chacun risque sa peau pour le sauver et c'est justice, car à la fin des fins on ne peut pas savoir qui...

— Après ? — interrompis-je vivement.

— Voilà donc qu'on nage encore dans toutes les directions et qu'on ne trouvait rien. Le grand monsieur faisait des grands bras. La petite dame criait qu'il fallait voir ! Enfin v'là qu'elle empoigne la lorgnette de nuit du commandant et qu'elle se met à relever tout ce qui passait sur la cime des vagues.

« — Ah ! — qu'elle fait tout d'un coup, — je le vois !

« — Où que c'est ? — que dit le commandant.

« — Par là ! — qu'elle répond, et elle désignait un point noir qui flottait sur les lames à tribord, tandis que toutes les embarcations étaient à bâbord.

« — Arme le you-you ! — que crie le commandant.

« C'était le dernier canot qui était à bord. Je m'affale dedans, l'homme aux millions m'y suit et je vas pousser, quand la petite dame descend l'escalier et se jette dans l'embarcation en deux temps.

« — Là ! là ! — qu'elle disait en désignant à tribord.

« Je prends la barre, les canotiers appuient ferme et nous mettons le cap dessus le point noir. C'était vous, monsieur. Faut dire que vous aviez eu une fière chance. Il paraîtrait voire qu'en tombant à la mer vous vous étiez entortillé dans les haubans de votre misaine, car vous étiez étendu sur le dos sur une hune qui flottait à la dérive, et si bien amarré par le bras que les vagues vous passaient dessus sans vous enlever. Faut dire que vous ne bougiez pas plus que si vous étiez mort. Je vous saisis par votre habit et je tire. Quand on vous a mis dans le canot vous aviez du sang plein la tête.

« — Il vit encore ! — que dit l'individu aux millions en vous tâtant la poitrine.

« — Il vit ! — que s'écrie la petite dame.

« Et nous remettons le cap sur le vapeur. Voilà que

nous accostons, voilà qu'on vous hisse à bord, voilà qu'on vous met dans cette cabine et que le docteur vous fait un tas de frictions que vous n'en bougiez pas plus pour ça. Là-dessus je ne sais pas ce qui s'est passé. J'ai monté sur le pont pour travailler, et il n'y a qu'un quart d'heure que le docteur m'a mis de planton devant votre porte en disant qu'il allait revenir....

— Et cette dame? — demandai-je vivement — savez-vous son nom?

— Je ne sais pas, monsieur.

— Y a-t-il longtemps qu'elle est à bord ?

— Deux jours.

— Où s'est-elle embarquée.

— A Cadix, oùs que nous avons fait du charbon.

— Et... vers quel point se dirige le Burgundy ?

— Vers Alexandrie, mais nous toucherons à Malte.

Williams s'interrompit encore dans sa lecture :

— Vous avez entendu, mon cher commandant, — dit-il, — combien j'ai respecté le langage du matelot. Au reste, cela n'a rien de très-étonnant. J'ai navigué longtemps et souvent, je connais les marins, étant marin moi-même; puis j'ai fait répéter à celui qui avait aidé à me sauver huit ou dix fois son histoire, de sorte qu'elle est demeurée gravée dans ma mémoire et même, je l'ai écrite, je crois, sous sa dictée.

— Vous avez donc revu ce brave matelot?

— Je l'ai pris à mon service. Quand j'ai remonté un nouveau yacht, celui dont je me sers depuis quelques années, j'ai donné à Tom, (il se nomme ainsi) le grade de maître d'équipage. Il est enchanté de sa position, je vous le présenterai, commandant, si vous voulez bien me permettre de vous reconduire en Afrique quand votre congé sera expiré.

Robert de Montnac remercia le lord avec un sourire et une expression de regard :

— Ensuite ? — dit-il — Continuez votre lecture. Ce que vous me racontez m'intéresse extrêmement et vous êtes resté à un point où l'intérêt est suspendu.

— Oh ! — dit Williams en riant — j'ai donc agi comme un feuilletoniste ? où en étais-je ?

— A l'instant où le matelot vous répondait que le navire faisait voile sur Malte.

— Très-bien. Je reprends.

XX

Je vous aime!

« La porte de ma cabine s'ouvrit et le chirurgien du bord parut.

— Ah! ah! — fit-il, — le malade est revenu à lui?

— Oui, docteur, — dis-je.

— Chut! ne parlez pas! je vous le défends expressément.

Puis il prit un verre, y versa quelques gouttes d'un calmant et me le présenta. Je bus la potion et presqu'aussitôt je m'endormis. Je sus plus tard que ce sommeil dura quatorze heures.

Lorsque je me réveillai, il faisait grand jour. Je

me sentis la tête plus légère. Les douleurs que j'avais éprouvées la veille avaient presqu'entièrement disparu. Le matelot qui, dans son langage pittoresque, m'avait raconté l'histoire dont je viens de vous donner une seconde édition, était toujours près de moi.

— Où est Tony? — lui demandai-je.

— Me voici, mylord, — répondit le brave serviteur en entr'ouvrant la porte.

Il n'avait pas osé entrer jusqu'alors, dans la crainte de troubler mon sommeil. D'un geste, je congédiai le marin, puis lorsque je me vis seul avec Tony:

— C'est elle? — lui dis-je, en lui faisant signe d'approcher.

— Oui, mylord.

— Elle est avec le duc?

— Oui, mylord.

— Ainsi tout ce que m'a dit cet homme est vrai, elle m'a sauvé la vie?

— Oui, mylord, — répondit Tony pour la troisième fois.

— L'avez-vous vue? lui avez-vous parlé?

— Elle m'a demandé quatre fois des nouvelles de mylord.

— Et le duc?

— Il s'est informé également.

— Bien Tony.

Je demeurai quelques minutes absorbé par des réflexions qui se succédaient si rapidement dans mon cerveau qu'elles y formaient une sorte de chaos obscur. C'était en vain que je concentrais les forces de mon esprit pour en arriver à faire jaillir la lumière, je ne pouvais y parvenir.

Cet état, dont la secousse que j'avais reçu la veille augmentait l'intensité, devint un moment tellement effrayant que je crus que j'allais devenir fou. Tony, épouvanté par la fixité de mes regards et par la rougeur de mon visage, courut avertir le docteur. Grâce aux soins que l'on me prodigua, le calme revint peu à peu, mes idées se firent plus nettes et je pus me rendre compte de la situation.

A quelques pas de moi était la femme que j'aimais et pourtant la maladie en me clouant sur mon cadre était un obstacle infranchissable entre elle et moi. En songeant à la duchesse je m'épuisais en vaines conjectures.

— Pourquoi le duc la garde-t-il ainsi ? — me demandais-je, — s'il l'aimait, il pourrait l'épouser, et s'il ne l'aime pas, quelle raison donner à sa conduite ?.... Peut-être l'aime-t-il et ne l'aime-t-elle pas ?...

Je réfléchissais profondément.

— Mais alors pourquoi se laisserait-elle tyranniser ainsi? — pensai-je encore. — Elle est libre, elle est riche, les lois de tous les pays la protègent... Évidemment la supposition est inadmissible. Si elle supporte l'esclavage dans lequel elle vit, elle doit le supporter volontairement. Cependant cette lettre qu'elle m'a écrite......

Je réfléchis encore :

— Quel est donc le lien qui l'attache à cet homme, — me dis-je.

Sur ce, mon esprit battait la campagne avec plus d'acharnement que jamais. Je ne trouvais rien à répondre, rien à supposer après m'être posé toute une série de questions.

— Au diable! — fis-je enfin avec colère, — je ne cherche plus, je me contente de ce qui est. Régine souffre, c'est évident! le duc la contraint à subir sa présence, c'est encore évident! eh bien! je la délivrerai de cette présence, je la ferai libre, et alors je lui dirai que je l'aime.

Cette idée me rendit mes forces, je me soulevai sur mon cadre. Tony entra.

— A quelle hauteur sommes-nous? — lui demandai-je.

— A la hauteur du cap Falcon, — me répondit-il,

— avant deux heures nous toucherons à Mers-el-Kebir.

— A Mers-el-Kebir! — interrompit Robert de Montnac, qui suivait avec une attention soutenue le récit de son ami, — mais Mers-el-Kebir est la petite ville qui sert de port à Oran.

— Sans doute. Le navire avait subi quelques avaries et il devait faire relâche pour se réparer.

— Etes-vous donc allé à Oran à cette époque?

— Oui, mais vous n'y étiez pas alors?

— Non, j'étais à Tlemcen, dans l'intérieur des terres. Mais continuez, Williams... j'écoute.

— Lorsque nous mouillâmes, la nuit était venue. Le lendemain, me sentant en état de marcher, je voulus monter sur le pont. Tony ne me quittait pas. Au pied de l'escalier, situé à l'entrée du salon commun, je rencontrai la duchesse. A ma vue, elle devint pâle comme la robe de mousseline blanche qu'elle portait. Moi-même je me sentis frissonner. Ce fut alors que je compris véritablement combien j'aimais cette femme.

Elle avait fait un pas en arrière : je lui saisis la main et la portai à mes lèvres...

— Je vous aime! — murmurai-je avec une émotion effrayante.

La duchesse étouffa un cri. Je sentis sa main trembler dans la mienne. Elle la retira brusquement en faisant un mouvement de retraite. Le duc de Sandoval descendait l'escalier.

— Ah! sir Williams, — fit-il en m'apercevant, sans que son visage perdît la gravité sombre qui est son expression ordinaire, — je suis heureux de vous voir remis de l'affreux accident qui a failli vous tuer. Ma belle-sœur et moi avons pris le plus vif intérêt à votre guérison.... Mais, — continua-t-il, — je crois que madame la duchesse a quelques préparatifs de toilette à faire, nous allons visiter la ville. Quant à vous, mylord, vous vous disposiez à monter sur le pont, permettez-moi de vous offrir le bras.

— Je ne descendrai pas à terre, — dit vivement Régine.

Le duc s'inclina sans répondre et me prit la main. Madame de Sandoval me salua cérémonieusement et elle se dirigea vers la cabine qui lui servait d'appartement.

XXI

Deuxième rencontre.

Je gravis les marches de l'escalier en compagnie de don Paquo. Il me conduisit à l'arrière du navire et m'offrit un siége.

— Sir Williams, — me dit-il, — le hasard nous a remis en présence....

— Ce n'est pas le hasard, — répondis-je vivement.

— Qu'est-ce donc alors?

— Ma propre volonté, car je vous cherchais....

— Vous me cherchiez? — fit-il avec un sourire d'incrédulité.

— Je cherchais la duchesse de Sandoval, — répondis-je froidement.

Le duc ne sourcilla pas.

— Je ne vous demanderai pas quel motif vous guidait en agissant ainsi, — reprit-il après un moment de silence, — je le devine : vous aimez ma belle-sœur.

— Cela est vrai, monsieur le duc, j'aime la duchesse et je le lui ai avoué.

— Cela est fâcheux.

— Vous plairait-il de me dire pourquoi ?

— Pour une raison fort simple, cet amour vous rendra malheureux tous deux, en supposant que la duchesse le partage, car vous ne pouvez pas être l'un à l'autre.

— Monsieur le duc, — m'écriai-je, en me méprenant sur le sens de ses paroles, — la duchesse de Sandoval, toute noble et riche que soit sa famille, peut s'allier à celle de lord Stownty !

— Dieu me garde de penser le contraire, mylord, — répondit don Paquo. — Votre noblesse est incontestable et votre fortune est immense, chacun le sait. Ce n'est donc pas à l'égard de votre nom et de votre position que je prétends malheureux l'amour que vous ressentez pour ma belle-sœur.

— Que vouliez-vous dire, alors ?

Au lieu de me répondre, don Paquo me prit la main et me regardant fixement :

— Mylord, — dit-il, — vous avez trente ans, vous êtes brave et loyal, vous êtes spirituel et instruit, vous avez l'expérience des choses de ce monde, donc vous êtes dans la meilleure situation qu'un homme puisse espérer avoir sur la terre. Ne gâtez pas par votre faute ce que la Providence vous a accordé si largement. Vos regards se sont un instant fixés sur une femme, eh bien ! détournez-les ! Dominez votre cœur s'il est vrai que votre cœur soit pour quelque chose dans cette affaire. Vivez heureux comme vous devez l'être, comme je désire que vous le soyez. Oubliez le passé, donnez-moi la main et débarquez à l'instant.

— Pourquoi ?

— Parce que vous ne devez pas revoir la duchesse.

— Encore !

— Ecoutez ! ne vous laissez pas emporter par un sentiment irréfléchi.

— Mais monsieur le duc, — m'écriai-je, — de quel droit voulez-vous m'éloigner d'une femme que j'aime ? Sur quoi vous appuyez-vous pour me parler ainsi ? Madame de Sandoval vous appartient-elle autrement que par des liens de parenté qui ont été brisés par la mort de votre frère? Elle est libre, je le suis. Je l'aime et je ferai tout pour lui faire partager mon amour...

— Sir Williams!

— Monsieur le duc?

— Renoncez à cet amour, vous dis-je!

— Mais encore une fois, pourquoi? — m'écriai-je de nouveau avec emportement.

Le duc se rapprocha de moi.

— Je ne puis pas vous le dire, — fit-il à voix basse, — mais il existe quelquefois des secrets tels qu'ils doivent être respectés par tous! Encore une fois, je le répète, renoncez à votre amour!

— Jamais!

— C'est votre dernier mot?

— Oui, aujourd'hui comme à Bâle, il y a quelques mois, je vous déclare que je ne subirai pas l'influence de votre volonté.

Nous nous étions levés tous deux et nous étions appuyés sur le bastingage du navire. Don Paquo frappa violemment le bordage du plat de sa main droite. Puis, il fit un effort violent et parvint à ramener le calme sur sa figure un instant altérée.

— Si vous êtes trop faible pour manier une épée, vous êtes assez fort pour presser la détente d'un pistolet, — me dit-il enfin en se tournant vers moi.

— Je suis prêt à risquer ma vie contre la vôtre, et cette fois le hasard vous servira peut-être moins bien ! — répondis-je avec violence, car je commençais à me laisser aller à la colère.

— Descendons à terre, alors.

— A vos ordres.

Tandis que le duc faisait armer un canot, j'envoyai Tony prier le capitaine du navire de nous prêter une paire de pistolets, sous le prétexte de nous amuser au tir en descendant à terre.

Le pauvre serviteur avait grande envie de me faire quelques observations, mais à l'expression de ma physionomie, il comprit qu'il devait obéir en silence.

Un quart d'heure après, nous abordions sur la plage. Nous prîmes une de ces horribles voitures espagnoles qui stationnent sur le quai lors de l'arrivée d'un bateau, et nous nous dirigeâmes vers Oran.

Après avoir traversé la ville que le duc connaissait, nous gagnâmes la route de Tlemcen et nous atteignîmes le quartier de cavalerie des chasseurs. Nous mîmes pied à terre. Deux officiers se promenaient à quelque distance.

Avec cette urbanité qui distingue le soldat français en pareille circonstance, dès que ces messieurs apprirent que nous réclamions leurs services pour une affaire d'honneur, ils s'empressèrent de se mettre à notre disposition.

— Monsieur le duc et vous mylord, — nous dit l'un d'eux après que nous eûmes reconnu leur courtoisie par l'énonciation de nos noms, — l'affaire est-elle de nature à s'arranger?

— Non, monsieur, — répondis-je. — Nous sommes venus ensemble de Mers-el-Kebir ici afin de vider un différent né à bord du navire sur lequel nous sommes embarqués.

Le duc s'inclina en faisant signe qu'il approuvait mes paroles.

— Alors, — reprit l'officier, — je vais aller chercher deux autres de nos camarades. En France nous avons coutume d'exiger quatre témoins pour un duel. A propos, avez-vous des armes?

— Le commandant du navire nous a prêté ses pistolets.

— A merveille. Dans moins de dix minutes je suis à vous.

L'officier de chasseurs n'abusa pas de notre patience. Avant l'expiration du délai fixé par lui, il revenait accompagné par deux capitaines du même régiment.

Ces messieurs avaient prévenu un chirurgien qui

nous rejoignit bientôt, et nous nous dirigeâmes tous vers un terrain plus convenable que celui des abords du quartier de cavalerie que nous ne pouvions prendre pour champ clos sans nous exposer à ameuter la foule des soldats oisifs.

Une sorte de petit bois formé par des cactus et des aloès nous parut un endroit des plus appropriés à la circonstance. Les conditions furent vite réglées. Nous devions nous battre à vingt-cinq pas, et le sort allait décider ce qui concernait la question de primauté pour le tir. Le hasard me favorisa.

Nos témoins comptèrent les pas et nous prîmes place. Trois coups frappés dans la main étaient le signal convenu. On devait ajuster au premier coup et tirer au troisième.

Lors de mon premier duel avec don Paquo, j'avais eu l'intention de le ménager, ainsi que je vous l'ai dit. Cette fois il en était autrement. Je désirais sinon le tuer, tout au moins le blesser de façon à le clouer sur son lit et à me laisser mes allures libres auprès de sa belle-sœur.

J'ajustai donc avec soin. Au troisième coup, je pressai la détente...

Don Paquo fit un brusque mouvement en arrière et tomba. J'allais m'élancer, lorsque je le vis se relever vivement.

— Pardon, — me dit-il, — je ne suis pas blessé.

Ma balle en effet était venue s'aplatir sur le canon du pistolet que le duc de Sandoval tenait à la main, le bras plié, la crosse à la hauteur de l'épaule, et le canon le long de la joue droite.

Le contre-coup avait été violent sur le visage, c'était cette violence qui avait fait tomber le duc.

Je repris ma place et j'attendis. Don Paquo fit feu.

Je demeurai debout, mais j'avais le bras droit cassé un peu au-dessus du coude.

Le chirurgien se précipita vers moi et se hâta de me dépouiller de mes vêtements. L'un des officiers s'élança sur un cheval et courut chercher un brancard. La douleur que je ressentais était horrible. Néanmoins j'eus assez de force d'âme pour ne pas m'évanouir.

Le duc me contemplait en silence. Comme la première fois en semblable circonstance, il s'approcha de moi et se penchant :

— Au nom du Dieu vivant, — murmura-t-il, — ne la revoyez plus !

XXI

Deux ans et vingt-quatre jours.

En prononçant le dernier mot de la phrase qu'il attribuait à don Paquo de Sandoval, sir Williams avait refermé le cahier manuscrit dans lequel il avait lu depuis quelques instants.

Le chef d'escadron d'état major le regarda avec surprise.

— C'est tout? — dit-il.

— Non! — répondit Williams.

— Alors...

— Lire me fatigue, — dit Williams, — j'aime mieux raconter.

— Je préfère aussi vous entendre parler, — dit Robert. — Quand on lit à haute voix, la concentration forcée des regards détruit une partie des sensations morales et l'expression de la physionomie ne peint pas toujours ce qu'on exprime. Quand on raconte, c'est le contraire.

— Parce que quand on raconte on sent avant de parler et que quand on lit, on parle avant de sentir.

— C'est très-vrai, ce que vous dites-là, mon cher lord. Mais continuez votre récit, je vous en prie. L'intérêt est ravissant et j'ai hâte de connaître votre troisième rencontre !

Sir Williams s'était soulevé sur son fauteuil pour attirer à lui un flambeau. Il alluma un cigare. Puis, se renversant ensuite sur le siége moelleux, et lançant vers le plafond une bouffée de fumée odoriférante qui monta en spirale capricieuse :

— Il est inutile, mon cher Robert, — reprit-il de ce ton calme et railleur qui lui était naturel et qui contrastait si singulièrement avec le côté dramatique du récit, — il est inutile, absolument inutile même (du moins je le crois) que je vous raconte que je ne mourus pas des suites de cette seconde blessure due à la main de don Paquo.

Robert fit en souriant un geste d'assentiment.

— Je me fis soigner tant bien que mal à Oran,

— continua sir Williams. — Je guéris et, à peine en convalescence, je repris la mer. J'ignorais absolument ce qu'étaient devenus don Paquo et la duchesse.

Tout ce que je sus, c'est que le duc n'avait quitté la ville qu'après assurance donnée par les médecins que ma blessure n'était pas mortelle.

Tous les matins et tous les soirs, durant son séjour à Oran, don Paquo était venu lui-même s'informer de l'état de ma santé.

— Homme étrange! — dit Robert.

— Étrange est le mot, mon très-cher ami, car, à l'exception des instants où nous nous sommes trouvés, don Paquo et moi, face à face, pistolet au poing ou épée à la main, il m'a constamment témoigné la sympathie la plus vive, l'affection la plus intelligente et l'estime la plus profonde.

— Ensuite, Williams?

— Ensuite, j'interrogeai Tony. Il ne pouvait me donner aucun renseignement. Don Paquo avait quitté Oran, une nuit, sans prévenir personne, Tony pensait que cette nuit-là un navire avait dû venir le prendre à Mers-el-Kebir avec la duchesse et qu'ils étaient partis aussitôt. Ce qu'il y avait de certain c'est qu'à dater de cette nuit dont je vous parle, on n'avait revu à Oran, ou dans les environs, ni don Paquo, ni la duchesse, ni aucun de leurs gens.

— Et naturellement encore, vous ignoriez où ils avaient pu aller.

— Naturellement, comme vous le dites.

— Que fîtes-vous ?

— Ce que je devais faire, ce que tout autre eût fait à ma place. Je m'acharnai à la poursuite de la duchesse avec un redoublement d'énergie.

— Je comprends !

— Trois sentiments me poussaient, l'amour, la curiosité, l'orgueil froissé, ces trois plus grands moteurs de la mécanique humaine.

Or, mon cher, le *sentiment*, qui n'est à bien prendre que la sensibilité morale, est tout simplement la vie de l'âme, si je puis m'exprimer ainsi. Le sentiment qui domine se mêle invariablement à l'action de nos facultés. La volonté et l'intelligence ne peuvent se soustraire à l'influence de ce puissant mobile.

L'erreur des stoïciens, leur erreur la plus grave, c'est d'avoir cru pouvoir anéantir le *sentiment* et l'exclure des déterminations humaines. Le sentiment, au contraire, devance et devancera toujours les prescriptions de la raison. Tout comme dans l'esthétique, le beau nous est révélé par le sentiment avant d'être justifié par la pensée. Donc, si l'influence d'un sentiment est déjà grande, celle provenant de la réunion de trois sentiments est immense. *Amour, curiosité, orgueil froissé!* Cœur, âme et esprit étaient aux prises. La lutte prenait des proportions étonnantes.

Je fouillai et je fis fouiller l'Europe. En quelques mois j'acquis la certitude que don Paquo et la duchesse Régine étaient retournés au Brésil.

Aussitôt je pris la mer : je débarquai à Rio-de-Janeiro. Le duc avait là toute sa famille dont j'avais l'honneur de connaître plusieurs membres.

Souvent j'avais été à Rio-de-Janeiro, et ainsi que je vous l'ai dit, je fus l'ami de don Francesco de Sandoval, le mari de la duchesse, longtemps avant son mariage. Je fus donc merveilleusement reçu, mais au moment où j'allais demander des nouvelles de la duchesse et de don Paquo, on m'apprit qu'ils venaient de repartir pour l'Europe où les appelaient des intérêts de famille. Nous nous étions croisés en mer.

Ma première pensée avait été de me rembarquer

immédiatement, mais ma seconde vint détruire l'effet de la première.

J'étais, ainsi que vous devez le comprendre, fort intrigué par la situation singulière de la duchesse et de don Paquo. Puis, il y avait eu dans les paroles que Régine avait prononcées à bord du bateau du Rhin, lors de notre première rencontre, une phrase qui était demeurée gravée dans ma mémoire et qui ne pouvait s'en effacer. Cette phrase était celle relative à son mariage avec don Francesco.

— Quelle phrase? — demanda Robert.

— Celle-ci. Voici les paroles exactes que la duchesse m'adressa :

« Croyez-vous qu'il existe des gens dont la présence porte malheur et dont le regard soit empreint de ce fluide fatal que l'on nomme, en Italie, le *mauvais œil?* »

Cette phrase, — poursuivit sir Williams, — était venue précisément après celle dans laquelle, pour la première fois, elle avait parlé de don Paquo.

Tout cela était présent à ma pensée. J'aimais Régine, je l'avoue, et je l'aime encore. Elle était le seul et unique être humain qui absorbât mes affections. Il ne s'écoulait pas une minute de mes heures sans que cette minute lui fût consacrée.

Je repassai dans mes rêves tout ce qui la concernait, et je revis surtout l'époque de ce mariage qui s'était accompli dans de si singulières conditions.

Fille de grand seigneur brésilien, Régine, vous le savez, avait cependant été élevée en France et avait toujours habité Paris. Elle avait perdu son père à quatorze ans. Elle en avait dix-sept quand don Paquo était venu en France demander sa main pour son frère aîné le duc de Sandoval. Le mariage fut conclu sans que les fiancés se fussent jamais vus.

Je ne blâme pas ce côté de l'union, — dit Williams en changeant de ton, — car il n'est certes pas blâmable. Cela arrive souvent, et cette chance, donnée au hasard, est la sagesse.

Don Paquo ramena Régine et sa mère à Rio de Janeiro.

Le duc de Sandoval avait quarante ans. Il était laid plutôt que beau, mais il avait des qualités exquises, c'était un homme de grand cœur et de grand esprit.

J'ai passé près d'une année avec lui et j'ai été à même de l'apprécier.

Dix jours après l'arrivée de Régine à Rio de Janeiro, dix jours après la première entrevue, le mariage fut célébré. Au moment de la célébration, le duc de Sandoval fut frappé de mort, et la duchesse fut veuve sans avoir été femme...

— La plus séduisante de toutes les positions sociales! — dit Robert en souriant.

— Don Paquo n'avait pas assisté au mariage, — reprit sir Williams.

— Pourquoi?

— Je l'ignorais, — répondit sir Williams, — et je voulais le savoir, comme je voulais savoir bien d'autres choses aussi relatives à Régine et à Don Paquo.

L'occasion était belle pour m'instruire. J'étais au mieux avec la famille. La tante de la duchesse me faisait même l'accueil le plus gracieux. On me pressa de passer quelques jours à Rio de Janeiro. J'acceptai et je mis à profit ces journées de conversation intime. Voici ce que j'appris :

Don Paquo avait dix ans de moins que son frère,

et son enfance avait été tumultueuse et fougueuse. Il était vif, expansif, violent. Il avait acquis au Brésil une réputation méritée de don Juan. Il aimait toutes les femmes, et il courait tous les dangers avec un même entrain et une même ardeur. Quelques jours avant son départ pour la France (il allait avoir trente ans), il eut avec son frère, le duc, une longue conférence dont personne ne connut le secret. Il s'embarqua.

Avant de se rendre à Paris auprès de la fiancée de son frère, il devait faire un voyage en Espagne pour des intérêts de famille.

Quand don Paquo revint au Brésil, ramenant Régine et sa mère, il y avait six mois qu'il avait quitté le Nouveau continent.

En arrivant après les présentations nécessaires, il se retira dans son château de Las Torrès, se disant vivement indisposé et paraissant désireux de prendre un repos nécessaire. Ce château de Las Torrès, situé à cinq lieues de la ville, avait toujours été la résidence antipathique de don Paquo. On fut donc étonné de son désir de s'y rendre, mais le mariage prochain du duc et l'arrivée de la fiancée préoccupaient trop tous les esprits, pour qu'on insistât sur cet étonnement.

12.

Don Paquo demeura enfermé dans son château jusqu'au jour de la célébration du mariage. Le matin il fit grande toilette et il monta dans sa plus belle voiture attelée de ses quatre plus beaux chevaux. Il partit pour Rio de Janeiro; mais un accident terrible l'attendait au passage.

A peu de distance de la ville et en traversant une forêt touffue, une de ces forêts dont l'Europe ne saurait donner une idée approximative, un jaguar jaillit et mordit les chevaux. L'attelage s'emporta, la voiture roula et se brisa dans un ravin. Don Paquo eut au bras une fracture assez grave. Il envoya un courrier à Rio de Janeiro pour faire excuser son absence, et il se fit transporter au château de Las Torrès.

Le soir il apprit la mort subite de son frère et une fièvre violente, causée sans doute par cette funeste nouvelle, mit ses jours en danger.

Quand don Paquo, devenu duc de Sandoval, revint à Rio de Janeiro, il était moralement métamorphosé. Aucun de ceux qui avaient connu jadis le personage vif, emporté, bouillant, ardent et indomptable, ne pouvait se persuader que celui qu'il voyait était bien don Paquo.

Calme, froid, réservé, sombre et triste, le caractère du duc était l'opposé de ce qu'il avait été.

— A quoi attribuait-on ce changement? — demanda Robert.

— A plusieurs causes.

— La mort de son frère?

— D'abord.

— Et ensuite?

— A l'accident arrivé dans la forêt ; don Paquo avait failli être dévoré par le Jaguar qui s'était rué sur lui.

Des médecins avaient affirmé que souvent des crises de fièvre aussi violente que celle qu'avait subie don Paquo pouvaient déterminer des accès de maladie noire, de *spleen*...

Mais Don Paquo n'avait pas eu la fièvre en Europe, et une autre version détruisait celle-là. Des jeunes seigneurs Brésiliens qui avaient séjourné à Paris à la même époque que don Paquo, avaient dit que le caractère de M. de Sandoval avait déjà subi la même transformation en France.

— En vérité? — dit Robert.

— Oui.

— Et à quelle nouvelle cause attribuait-on cela?

— A aucune cause sérieuse.

— Et vous n'avez rien su autre?

— Rien, absolument rien! Le caractère de don Paquo était transformé : mais on ne savait pas pourquoi.

Au reste on l'avait, alors, peu revu au Brésil depuis la mort de son frère.

La duchesse n'avait pu s'habituer au climat brésilien. Elle était souffrante : il y avait danger même pour sa santé. Sa mère prit la résolution de la ramener en Europe. Don Paquo voulut naturellement les accompagner, et, depuis cette époque, il ne quitta plus sa belle-sœur, pas plus qu'il ne quitta le deuil... car vous avez dû remarquer que le duc de Sandoval était en deuil ce soir à l'Opéra.

— Oui... c'est vrai.

— Depuis la mort de son frère, il est toujours en noir avec un crêpe à son chapeau.

— Encore une étrangeté.

— Inexpliquée jusqu'ici.

Puis, après un léger silence :

— Quand j'eus appris tout ce que je pouvais apprendre et ce qui, en réalité, ne m'apprenait pas grand'chose, — reprit sir Williams en souriant, — je quittai Rio-de-Janeiro et je fis voile vers l'Europe.

C'était (et j'ai bonne mémoire) au mois de juin, le 17 juin même, par un temps froid...

— Comment par un temps froid, — dit Robert.

Puis se reprenant brusquement :

— Oh! pardon, mon cher Williams, — dit-il en souriant, — j'oubliais que vous étiez dans l'autre hémisphère.

— Je disais — reprit sir Williams, — que le 17 juin de l'an de grâce 1858, je m'embarquai à Rio-de-Janeiro pour reprendre mes poursuites. Il y avait alors deux ans et vingt-quatre jours que j'aimais la duchesse.

— Comment, deux ans et vingt-quatre jours ? — répéta Robert avec étonnement.

— Tout autant.

— Vous êtes sûr?

— Parfaitement.

— Même des vingt-quatre jours?

— Surtout des vingt-quatre jours!

— Et pourquoi?

— Parce que j'ai les dates gravées dans la tête. Écoutez!

Le 20 mai 1856, je rencontrai la duchesse pour la première fois sur le bateau de Cologne.

Le 24 mai en la quittant à Bâle, je sentis que je l'aimais.

Le 17 juin 1858, il y avait donc réellement deux années et vingt-quatre jours que j'étais amoureux.

— C'est vrai.

— Donc, je continue.

XXIII

Au Montanvers.

Williams allait parler :

— Mon ami, — dit Robert de Montnac en se penchant pour regarder le cadran de la pendule, — vous savez quelle heure il est ?

— Non, — répondit Williams.

— Il est trois heures et demie.

— Eh bien ?

— Vous vous battez à sept heures ?

— Du moins, le duc de Sandoval doit venir me prendre à sept heures ici.

— Dans trois heures et demie alors ?

— Oui.

— Quel moment de repos prendrez-vous?

— Aucun.

— Vous ne vous reposerez pas?

— Non. Si je me battais au pistolet cela pourrait être utile, mais je me bats à l'épée. Qu'importe que j'aie les nerfs plus ou moins irrités par la veille? J'ai souvent remarqué que dans les moments de surexcitation on tirait mieux.

— C'est possible.

— Ne vous inquiétez pas, mon cher Robert. D'ailleurs, quoiqu'il arrive, il est évident que je serai blessé.

— Comment? vous croyez?

— Je fais plus que croire : je suis certain.

— Il est évident que si vous allez sur le terrain avec cette conviction...

— J'irai sur le terrain avec le désir ardent de blesser don Paquo, et vous pouvez être sûr que je ferai tout ce que je pourrai pour cela, mais les chances de combat sont pour le duc. Quelque bien que je tire, il arrivera un incident qui tournera contre moi.

— Williams! ne dites pas cela!

— Je ne le dirai pas si cela vous contrarie.

— Mais ne le pensez pas?

— Je n'ose vous le promettre.

— Au moins n'en ayez pas la conviction. Rien n'est plus mauvais pour un homme que d'aller sur le terrain avec la certiude qu'il sera blessé. Dans ce cas il l'est toujours.

— Mon cher Robert, je ferai ce que je pourrai pour lutter contre cette persuasion. Mais le point essentiel est que je n'ai point besoin de repos. Quant à vous, mon ami, je ne vous ferai pas l'injure de vous demander si vous êtes fatigué. Je reprends mon récit que j'ai hâte de finir.

— Je vous écoute, mais pendant ce temps je vais préparer un punch.

— Voulez-vous que Tony le fasse?

— Non. Je le ferai moi-même.

— Alors nous n'avons besoin de personne. Dans ce meuble de chêne contre lequel vous êtes adossé, Robert, il y a tout ce qu'il faut pour préparer ce breuvage français auquel nous avons donné un nom anglais pour faire croire qu'il était notre propriété.

Robert avait ouvert la porte du petit meuble de chêne, magnifique bahut du douzième siècle. Il y avait quatre tablettes à l'intérieur, et trois de ces quatre tablettes étaient encombrées par une triple ligne de fioles, de flacons, de bouteilles aux formes les plus bizarres, les plus biscornues, les plus fantastiques. C'était les liqueurs des cinq parties du monde que sir Williams avait échantillonnées dans ses voyages. Sur la quatrième tablette était une collection non moins remarquable de verreries, de cristaux et de vases d'argent d'époques anciennes.

Ainsi que Williams le lui avait dit, Robert de Montnac trouva là tout ce qui lui était nécessaire.

— Je quittai donc Rio-de-Janeiro le 17 juin 1858, — reprit sir Williams. — Un an après, jour pour jour, le 17 juin 1859, je n'avais pu revoir ni Régine ni don Paquo.

J'avais successivement failli les rencontrer à Paris, à Rome, à Madrid et à Londres, mais chaque fois que j'arrivais dans une ville dans laquelle j'espérais les retrouver, ils s'évanouissaient comme des ombres fugitives.

Quittant Turin, après un court séjour, j'avais résolu, pour vaincre les fatigues de l'esprit par les fatigues du corps, de suivre la pittoresque mais pénible route de Genève, qui passe successivement par Suse, le mont Cenis, le petit Saint-Bernard et le mont Blanc.

Le 17 juin 1859, j'étais à Chamonix.

La fatigue du corps ne m'avait pas calmé, au contraire. J'étais triste, irrité, énervé, et je ne sais pourquoi j'eus la fantaisie d'aller visiter le Montanvers que je connaissais si bien cependant.

Aimant la solitude, je ne me faisais accompagner par aucun guide dans mes promenades. J'avais même refusé à Tony de me suivre.

J'étais parti le matin à pied, et je parcourais le sentier rapide de la vallée sauvage, connaissant admirablement cette route que j'avais parcourue au moins dix fois. Je marchais sans accorder la plus légère attention aux voyageurs et aux voyageuses que je croîsais dans tous les sens.

J'étais parti sans déjeuner : l'air vif avait excité mon appétit ; j'entrai au chalet pour me reposer. *Couttet,* le propriétaire de l'auberge hospitalière, connu de tous ceux qui ont visité la vallée de Chamonix, *Couttet* s'empressa de me faire servir. Comme il me connait et qu'il sait que je n'aime pas vivre au milieu d'un monde étranger, il me fit dresser un couvert dans un petit salon placé près du Cabinet d'Histoire naturelle.

Sur une table qui touchait la mienne était un grand registre couvert d'écritures et de signatures. C'est sur ce registre que depuis de longues années, bon nombre de voyageurs ont cru devoir inscrire la date de leur passage avec accompagnement de réflexions plus ou moins poétiques précédant la signature. Tout en déjeûnant, je feuilletais ce livre, souriant des inspirations plus ou moins bizarres que les signataires avaient voulu traduire.

A côté de ces notes placées à la colonne des *observations*, il y avait les noms et les dates de passage des voyageurs. Tout à coup je m'arrêtai dans ma lecture. Je sentis le sang me monter au front. Mon cœur battait avec une violence extrême... Sur le registre je venais de lire le nom de Régine de Sandoval. La date de son passage remontait à quinze jours.

— Et le duc? — demanda Robert.

— Son nom était placé au-dessous de celui de la duchesse. Vous comprenez ce que je ressentis : j'appelai *Couttet* pour avoir des renseignements. Quand je l'eus interrogé :

— Mylord, — me dit-il, — n'étiez-vous pas à Bâle en 1856, il y a trois ans?

— Oui, — dis-je.

— Mylord s'est battu à Bâle?

— Oui, — dis-je encore, étonné de cette interrogation.

— Mylord peut-il préciser la date du duel?

— C'était le 25 mai.

— Alors ce que j'ai est bien pour mylord.

— Ce que vous avez? Et qu'avez-vous donc?

— Une lettre.

— Adressée ?

— A sir Williams... Mais je ne devais la remettre qu'après que l'on m'eût dit la date du duel à Bâle. J'ai l'honneur de connaître mylord depuis longtemps, et je savais que cette lettre était pour lui, car la personne qui me l'a confiée m'a dit le nom de mylord, mais je devais prendre les précautions ordonnées. C'est pourquoi j'ai fait déjeûner mylord dans le salon où est le registre.

— Et quelle est la personne qui vous a remis cette lettre ? — demandai-je, en m'efforçant de contenir mon émotion.

— Une dame.

Couttet courut me chercher la lettre. Cette lettre était de Régine, elle était courte mais significative. Elle contenait une fleur de myosotis desséchée et une simple signature : « *Régine.* »

— Ah ! — dit Robert, — c'était charmant.

— Je passai la journée entière à m'informer de la route que la duchesse avait dû prendre avec son beau-frère, — continua sir Williams, — mais je ne pus obtenir aucun renseignement positif.

Tout ce que j'avais appris, et j'étais heureux de ma science, c'est que la duchesse ne m'oubliait pas et qu'elle ne voulait pas que je l'oubliasse,

XXIV

La Fontaine de Vaucluse.

— Cette fleur, cette signature, — reprit sir Williams, — avaient ranimé mes espérances.

« Oh ! — me disais-je, — je le sens ! je reverrai cette femme, la seule et unique créature que j'aie aimée !

Je continuai mes recherches avec le même acharnement : malheureusement elles demeurèrent vaines. Un an encore s'écoula sans que je pusse rejoindre le duc et la duchesse, sans que je pusse savoir même où ils étaient, où ils avaient passé. La tristesse recommençait à engourdir mon âme.

J'avais quitté Marseille et prenant la route d'Aix à Carpentras, je m'étais arrêté à Vaucluse. Je voulus faire un pélerinage d'amoureux à la fontaine rendue célèbre par les amours de Pétrarque.

Le matin du 17 juin 1860, je me mis en route, seul et, tout en parcourant le sentier aride du vallon, je murmurai la canzone du poëte qui, à bien prendre, peignait l'état naturel de mon âme comme elle avait peint jadis l'état de l'âme de Pétrarque.

Di pensier in pensier, di monte in monte! — disais-je en m'arrêtant sur le bord du gouffre qui domine la masse rocheuse comme l'immense gradin d'un amphithéâtre.

J'eus la fantaisie de descendre dans l'intérieur de l'entonnoir et bientôt j'atteignis le niveau de l'eau. J'étais absolument seul : il n'y avait là aucun curieux. Je m'étendis sur le gazon vert, écoutant le flot bouillonner et regardant jouer et sauter les myriades de petites truites dans cette *chiare, fresche e dolci acque.*

Je ne sais pourquoi, je sentais mon cœur battre plus mollement, et un bien-être épanouir toute ma personne. Un doux sommeil s'empara de moi.

Je rêvai...

Naturellement, mon cher, je vis Régine en songe.

Je la vis belle, souriante, gracieuse. Il me sembla que je tombais à ses pieds et que je baisais ses belles mains. Je la suppliais de me dire où elle était, où je devais aller pour la revoir, et, c'est étrange ce qui m'est arrivé, — dit Williams en changeant de ton, — mais c'est vrai cependant !

Régine, qui n'avait pas encore parlé, répondit à mon interrogation. Il me semble encore entendre sa voix :

— Je suis à Damas ! — dit-elle. — Venez ! Je vous attends ! J'ai besoin de vous !

L'agitation que me causèrent ces paroles fut si violente, que je me réveillai brusquement. Je me levai, je regardai autour de moi. Naturellement je ne vis rien : il n'y avait âme qui vive.

— Ah ! j'ai rêvé ! — dis-je avec un regret.

En ce moment trois heures sonnaient à l'horloge de la chapelle, et le vent m'apporta au fond du gouffre la vibration du timbre.

Le soir, en revenant à Vaucluse, j'aperçus Tony qui courait vers moi :

— Mylord ! — me dit-il d'une voix très-émue. — Je vous attendais avec une bien vive impatience.

— Qu'y a-t-il ? — demandai-je inquiet de l'état d'émotion et de surexcitation dans lequel je voyais mon fidèle serviteur.

— Une nouvelle !

— Quelle nouvelle?

Tony se pencha vers moi.

— Mylord, — me dit-il à voix basse et comme s'il eût craint d'être entendu, — je sais où est madame la duchesse.

Je lui saisis les mains avec un geste fébrile :

— Dis-tu vrai? — m'écriai-je.

— Oui, mylord! — répondit-il.

— Tu sais où elle est?

— Oui.

— Où cela est-elle ?

— Loin, hélas ! bien loin !

— Mais où ?

— A Damas !

Je demeurai stupéfait. Je connaissais Tony. Je le savais incapable de m'annoncer une pareille nouvelle s'il eût douté de ses paroles, mais cette nouvelle correspondait d'une façon si singulière avec le rêve que je venais de faire, que je demeurai comme frappé de stupeur. Je ne répondis pas.

Tony me regardait à son tour avec une expression effrayée.

— A Damas ! Elle est à Damas ? — répétai-je.

— Oui, mylord ! — dit Tony.

— Et depuis quand sais-tu cela?

— Depuis quelques heures à peine.

— Qui te l'a appris?

— Un messager qui est arrivé à Vaucluse et qui a apporté une dépêche du chancelier du consulat de Damas.

— Cette dépêche? — m'écriai-je.

— La voici, mylord!

Tony me la présenta tout ouverte. Il avait dit vrai. La dépêche m'annonçait que le duc de Sandoval et la duchesse, veuve de don Francesco, étaient installés à Damas depuis le mois précédent et qu'ils devaient y séjourner jusqu'à la fin de l'année.

— A quelle heure as-tu reçu cette dépêche? — demandai-je.

— Au moment même où trois heures sonnaient, — répondit Tony.

Cette fois je tressaillis. La concordance des faits était trop étrange, trop extraordinaire.

Trois heures avaient sonné à l'horloge de la chapelle au moment où je m'étais réveillé, c'est-à-dire au moment où j'entendais encore vibrer à mon oreille la voix de Régine qui me disait : — « Je suis à Damas! »

Je me retournai vers Tony :

— Partons! — dis-je.

— Tout est prêt! — répondit Tony.

Effectivement tout était prêt. Le soir je m'embarquai à Marseille et je fis chauffer mon yacht à toute vapeur. Sept jours après, bien qu'ayant un vent contraire, nous entrions à Beyrouth.

Ce qu'il y avait d'inexplicable dans tout cela, Robert, c'était ces trois dates, ces trois anniversaires :

Le 17 juin 1858, j'avais quitté Rio-de-Janeiro pour me mettre à la recherche de Régine.

Le 17 juin 1859, j'avais trouvé d'elle un souvenir à Chamonix.

Le 17 juin 1860, je la voyais en rêve et j'apprenais où elle était.

— Oui! — dit Robert. — Il y a dans ces dates, un effet du hasard qui a dû vous frapper.

XXV

Route de Damas.

— Vous connaissez Beyrouth? — demanda sir Williams à Robert.

— Non, — répondit M. de Montnac, — malheureusement je ne connais pas l'Asie-Mineure, ni la Syrie.

— Il faudra faire ce voyage-là : il en vaut la peine. Beyrouth est tout simplement une des plus belles villes du monde.

— En vérité?

— Étendue mollement devant la Méditerranée, à demi-couchée sur une colline à la pente douce et gracieuse, la tête dans les nues, les pieds dans la mer, elle ressemble, disent les poètes musulmans, à une sultane amoureuse accoudée sur un coussin vert et regardant les flots dans sa rêveuse indolence.

Maisons, terrasses, balustrades et colonnades, tout est surchargé de fleurs. Roses et jasmins embaument l'air et mêlent leur parfum à celui des orangers qu'abritent les palmiers, les nopals et les oliviers gigantesques.

J'avais toujours admiré et aimé Beyrouth, mais ce jour-là, quand j'aperçus les dentelures des créneaux blancs de la ville se dessinant sur le fond de verdure, il me sembla que ma cité de prédilection n'avait jamais été aussi belle.

Je la contemplai d'un regard humide comme un amant qui contemple sa maîtresse après une longue absence.

Oh! c'est que de l'autre côté de cette cité adorable commençait la route qui aboutissait à cet autre Eden renfermant la femme que j'aimais, et, en posant le pied à Beyrouth, je faisais un premier pas vers Damas. En débarquant, je sentis combien j'aimais réellement Régine!

En achevant ces mots, sir Williams s'était levé.

Il avait le visage animé, l'œil étincelant et le geste rapide.

Robert, qui préparait le punch en véritable artiste, avec une patience et une minutie au-dessus de tout éloge, Robert leva les yeux sur Williams, et sa physionomie exprima l'étonnement.

Williams sourit :

— Cela vous étonne de me voir aussi animé, moi l'Anglais spleenique, — dit le lord en secouant la tête. — Que voulez-vous, mon cher ? Je sens encore et je suis heureux de sentir. D'ailleurs, quand je suis en Orient, je suis un autre homme. Je me retrempe sur la vieille terre asiatique. Cela est naturel, au reste : plus puissante est la nature, plus pur est le sentiment de la vie. Mais, — dit sir Williams en changeant de ton, — assez d'enthousiasme, et goûtons ce punch dont la confection dénote en vous un homme d'art.

Le punch goûté, le lord reprit son récit :

— Je traversai donc le Liban, — dit-il, — suivant cette poétique et superbe route qui passe par Deïr-el-Kamar et j'entrai dans la plaine de Damas, cet *Eden* de la Bible.

C'était la cinquième fois que je faisais cette promenade, et cette fois, comme les quatre précédentes, je m'arrêtai sur le sommet du *Djebel-Chaïck* pour contempler l'éblouissant spectacle.

La baie de Naples, en septembre, par un beau coucher de soleil, le Bosphore, une nuit de *Rhamadan*, la plaine de Damas, un matin quand le jour la salue, voilà, mon cher Robert, ce que j'ai vu de plus beau au monde, et j'ai eu ce bonheur de contempler ces merveilles dans leur plus belle condition de beauté.

Ce matin là où j'arrêtai mon cheval sur le *Djebel-Chaïck*, le soleil se levait radieux, et il éclairait le paysage de ses rayons dorés.

Au-dessous de moi, apparaissait Damas dans cette plaine féerique, comme un palais de diamant au milieu d'un bouquet de fleurs rares.

Mes regards se perdaient dans ces faubourgs où s'éparpillaient les groupes d'arbres, les maisons, les jardins. Puis, entourée par une muraille de pierres jaunes et noires formant une ceinture de velours parsemé de topazes, Damas, avec ses milliers de coupoles, ses croissants de cuivre, ses minarets aigus, s'étalait à l'ombre de ses palmiers, rafraîchissant son air avec ses fontaines murmurantes.

Damas, cette reine de l'Orient, me sembla être plus belle que je ne l'avais jamais contemplée. C'est qu'en laissant errer mes yeux sur ces palais de marbre, je me disais :

— Elle est là! Dans quelques instants peut-être je verrai Régine.

Et je sentais l'amour s'épanouir dans mon cœur. Ce jour-là, Robert, c'était celui du 9 juillet 1860.»

Le chef d'escadron d'état-major tressaillit violemment.

— Le 9 juillet 1860! — répéta-t-il.

— Oui! — dit sir Williams, — c'était le 9 juillet 1860. Je venais de traverser la Syrie et le Liban cependant, et j'étais calme et sans inquiétude.

Tout à coup, et tandis que mes regards étaient fixés sur la ville, une clameur immense retentit, la terre frissonna, un nuage de lumière s'éleva sur la cité, et des détonations éclatèrent sur tous les points.

C'étaient les massacres qui commençaient : ces massacres qui, en quelques jours, devaient décimer les chrétiens de la Syrie, et dont Deïr-el-Kamar et Damas venaient de donner le signal.

J'avais avec moi dix hommes de mon yacht. Parmi ces dix hommes, il y avait trois matelots du pays de Galles, réputés pour les trois plus énergiques hommes de boxe de la marine anglaise. A Portsmouth, ils avaient tenu tête, ou, pour mieux dire, ils avaient *tenu corps* à quatre boxeurs irlandais et à six boxeurs anglais parmi lesquels était Jack. C'est vous dire, mon cher ami, que chaque poing de mes trois matelots valait plus de cent guinées de pari.

Avec ces trois matelots, j'avais deux de vos compatriotes, Robert, deux Français du pays de Pau, qui m'avaient servi de guides jadis dans les Pyrénées, et qui tuaient l'ours et l'aigle comme je tue le lapin et le perdreau...

— Vous tuez mieux que cela ! — dit Robert, — Vous avez chassé le lion, la panthère, le tigre...

— Et même l'éléphant, le crocodile, l'hypopotame, l'ours blanc, — dit en riant sir Williams, — mais ce ne sont pas là les chasses les plus difficiles, ni les plus dangereuses.

— En vérité ?

— Je vous l'affirme.

— Et quelle est donc la chasse la plus dangereuse suivant vous ?

— C'est la chasse à l'oiseau-mouche !

— Ah !...

— Je ne plaisante pas.

— Comment ? La chasse à l'oiseau-mouche...

— Est la plus dangereuse de toutes les chasses.

— Et pourquoi ?

— Parce qu'elle entraîne presque constamment la mort du chasseur.

Sir Williams parlait très-sérieusement.

— Expliquez-vous, mon cher ami! — reprit le chef d'escadron d'état-major.

— C'est bien simple, l'oiseau-mouche est constamment poursuivi par un petit serpent de la famille des *Cobra-Manilla* et que les Indiens nomment *Haje*. Dans les forêts où les oiseaux mouches abondent, les *Hajes* pullulent, et quand vous êtes en vue d'un oiseau-mouche, vous êtes à portée d'un serpent dont la blessure est aussi rapidement mortelle que l'acide prussique.

— Ah! très-bien! — dit Robert.

— Mais, mon cher ami, je me laisse entraîner par la causerie et j'ai tort. Je reviens au récit,

J'avais donc avec moi mes trois matelots boxeurs et mes deux béarnais chasseurs. Plus, j'avais même quatre nègres, quatre frères, que j'avais achetés à un marchand d'esclaves au moment où il allait les vendre séparément. Ils pleuraient; j'eus pitié, et pour ne pas les séparer, je mis aux enchères. Quand ils furent à moi, je voulus leur rendre la liberté, mais ils refusèrent. Je les gardai. Si je dois croire au dévoûment, c'est à celui de ces nègres.

La dixième personne qui m'accompagnait était Tony. Nous étions armés suffisamment.

En apprenant le massacre par les fuyards, et en pensant que Régine était là, j'entrai dans la ville.

Mes hommes me frayèrent un passage à travers les Druses assassins, aussi facilement que l'eût fait un boulet. Seulement ils me faisaient une route pavée de cadavres.

Je m'étais élancé vers le consulat anglais : je ne pus y parvenir... Il est inutile, mon cher ami, que j'entre dans tous les détails du massacre. Les journaux vous ont renseigné à cet égard. Si j'ai bonne mémoire, cela dura six jours...

Quand tout fut fini, je ne retrouvai Régine ni parmi les vivants, ni parmi les morts.

J'avais beaucoup d'amis à Damas, et entre autre Abd-el-Kader. Mes amis musulmans et chrétiens ne purent me donner aucun renseignement.

Le duc de Sandoval et la duchesse étaient venus effectivement à Damas, ils y avaient résidé, ils y résidaient même encore la veille des massacres... Mais qu'étaient-ils devenus depuis ? Personne ne pouvait le dire.

Mon inquiétude et mon anxiété redoublèrent. J'avais espéré retrouver Régine à Damas, et les circonstances tournaient encore contre moi. C'était à douter de la Providence.

Je restai trois mois tant à Damas que dans la Syrie, fouillant, cherchant en tous lieux sans voir mes recherches aboutir.

Tony avait pris ses mesures et il avait inspecté tous les ports depuis *Iskenderoun* (que vous nommez Alexandrette, je ne sais trop pourquoi, ni vous non plus), jusques et y compris Jaffa.

Ni le duc ni la duchesse ne s'étaient embarqués, depuis leur arrivée en Syrie, dans une des villes du littoral.

Ils n'avaient pu se rendre ni au Caire, ni à la Mecque, car il n'y a que deux routes dans la Syrie qui permettent de faire l'un de ces voyages en partant de Damas. L'une passant par Jérusalem, l'autre par Rabbath-Moab.

Ils n'étaient entrés dans aucune de ces deux villes.

Ils n'avaient pas passé non plus par Alep : donc ils n'avaient quitté la Syrie ni par le nord, ni par le sud, ni par l'ouest.

Restait à parcourir la route de Bagdad, la seule allant à l'est. Je me mis en route.

Au mois de novembre, j'entrai dans la vieille cité des Califes. Là, j'appris que Régine et le duc y avaient récemment séjourné. Ils étaient partis l'avant-veille pour Bassora.

En recevant cette nouvelle, je ne pus retenir un cri de joie.

Les renseignements furent complets. Ce fut à l'ambassade qu'on me les donna et je crois les entendre encore. Le duc était parti à cheval, la duchesse en palanquin : ils avaient une escorte nombreuse d'arabes et cette escorte formait une véritable caravane, car quatre riches marchands arméniens avaient demandé au duc la permission de l'accompagner avec leur suite. Eux aussi se rendaient à Bassora.

Ce nouveau renseignement redoubla ma joie. Je pensai avec raison que le nombre imposant de la caravane devait retarder la marche et qu'il me serait plus facile d'atteindre la duchesse.

Il y avait près de trois ans que je m'acharnais à la recherche de cette femme que j'aimais et que je n'avais pu revoir. Vous devez comprendre, mon cher ami, ce que je dus éprouver en ayant une certitude de la retrouver. C'était l'espérance jaillissant d'une récente série de déceptions nouvelles.

— Oui! — dit M. de Montnac, — je comprends cela, et à votre place, je me fusse élancé sur la route de Bassora à fond de train, sans perdre une minute.

— C'est ce que je fis!

XXVI

Plaisir de se revoir.

— Chez l'homme, mon cher Robert, — reprit sir Williams en prenant son verre et en goûtant une seconde fois le punch que venait de confectionner M. de Montnac, — chez l'homme, les passions morales sont, en général, le contraire des passions physiques : elles vivent d'inanition.

L'absence complète de nourriture avait donc fortifié mon amour et lui avait fait prendre des proportions absolument absorbantes.

Je n'avais plus qu'une pensée, c'était pour Régine. Je ne voyais plus en rêve et en réalité qu'une femme :

c'était Régine. Enfin Régine, et puis Régine et toujours Régine... c'était ma vie, mon réveil et mon sommeil, mon passé, mon présent et mon avenir, c'était tout.

De Bagdad à Bassora, la route est tout simplement la plus belle de l'Asie, de l'Amérique, de l'Afrique et de l'Europe. Quant à l'Océanie, je n'en parle pas. Il n'y a rien de beau dans ce pays-là.

Si je suis bien renseigné, c'est par cette route qu'Adam et Ève furent chassés du Paradis, il y a plusieurs années.

Cette route, mon cher Robert, a un parcours de soixante lieues environ. Elle cotoye le Tigre aux eaux enchantées jusqu'à sa rencontre avec l'Euphrate.

Le point de jonction de l'Euphrate et du Tigre devait être la limite extrême du Paradis, et c'est sans doute à cause de cela que tous les ans, à l'automne, les deux fleuves s'entendent pour se livrer à un débordement qui fait la désolation des successeurs d'Adam et d'Ève.

Il est probable que si la première femme n'avait pas été aussi gourmande, ces choses-là n'arriveraient pas, mais vous avez un proverbe, dans votre langue, qui explique la situation : *aux petites causes, les grands effets !*

Je suivais donc la route du Paradis, et, moralement, j'étais à la hauteur du parcours.

Je galoppais à l'ombre de ces palmiers et de ces lataniers dont les feuilles ne suffiraient pas pour cacher une armée (bien que le soutiennent les légendes), mais qui peuvent servir facilement d'abri à un homme à cheval.

Les bananiers formaient arceaux avec leurs feuilles embaumées et leurs *régimes* en grappes.

Les cactus, les ananas, les aloës dressaient leurs feuilles aiguës longues de trois mètres... c'était beau.

Sur le Tigre, je voyais passer des familles de pêcheurs emportées sur les eaux furieuses par un radeau à outres, qui est le seul moyen de navigation employé, et qui, à bien prendre, n'est pas le plus mauvais, car il est matériellement impossible qu'un radeau composé de quatre outres gonflées chavire ou soit submergé.

Je n'ai jamais compris pourquoi, en Europe, on ne se servait pas de ce procédé comme moyen de sauvetage.

Ces radeaux, que les hommes dirigeaient avec des branches de palmiers, passaient sur des couches épaisses de plantes aquatiques aux fleurs merveilleuses, et parmi lesquelles je reconnus, pullulant là, comme le nénuphar sur vos rivières, la fameuse Victoria aux feuilles grandes comme une table ronde de salle à manger, et que mon ami le docteur Llewelyn a placé dans une serre spéciale.

Je foulais aux pieds de mon cheval et j'arrachais avec la main, sur les troncs d'arbres morts, ces orchydées que la mode nous fait payer dix-huit cents francs la petite caisse, et dont on ne voudrait certes pas si les prix n'étaient pas aussi élevés.

Bref, mon cher, j'étais heureux et je respirais à l'aise. J'étais certain que je verrais Régine !

— Et vous l'avez vue ?

— Sans doute. A cette époque de l'année les nuits sont longues, même en Orient.

J'avais dépassé les marais de Lamlinn et je courais sur Bassora, étonné de n'avoir pas encore rejoint la duchesse et sa suite.

Je côtoyais alors la rive gauche de l'Euphrate, de l'embouchure duquel j'approchais rapidement, car, la nuit étant venue, j'entendais distinctement au loin les murmures des vagues du golfe Persique se heurtant contre les récifs et les rochers.

Il faisait nuit, vous disais-je, et la nuit était sombre : le ciel était chargé de nuages.

Je venais de pénétrer dans une forêt épaisse de dattiers et de bananiers,

J'entendais les serpents bruisser sous les pas de nos chevaux et je voyais dans l'ombre leurs yeux ronds au regard glauque.

Tout à coup, l'un de mes nègres qui avait suivi cette route avec moi et qui connaissait merveilleusement le chemin, revint vivement sur ses pas.

Il marchait en avant de nous, servant à la fois de guide et d'éclaireur.

— Maître ! — me dit-il, — ils sont là.

— Où ? — demandai-je en frémissant de joie et d'impatience.

Le nègre étendit la main :

— Là, — dit-il, — dans l'oasis.

Il indiquait un endroit de la forêt qu'il nommait ainsi parce qu'il y avait là une source d'eau naturelle. Il connaissait cet oasis sur le gazon frais duquel nous avions déjeuné plusieurs fois avant ce dernier voyage. Il m'expliqua que la caravane qui nous précédait était campée là.

Voulant m'assurer de la situation par mes propres regards, j'ordonnai à mes gens de m'attendre, et mettant pied à terre, je m'avançai, suivi seulement de Tony et du nègre éclaireur.

Bientôt nous aperçumes la lueur rougeâtre des

feux et des aboiements sonores retentirent. Il y avait des chiens qui veillaient.

Ne voulant pas être surpris, je me tins à l'écart, sans faire un pas pour pénétrer dans le campement, et je m'efforçai de voir. Grâce à ma lorgnette de nuit, je pus bientôt distinguer dans les ténèbres. J'aperçus plusieurs tentes dressées auprès de la source et un campement complet établi dans cette partie de la forêt.

Les tentes étaient au nombre de six. Quatre appartenaient aux Arméniens, une à la duchesse, l'autre au duc.

Je reconnus, à leur forme, les tentes des Arméniens, mais je ne pus savoir dans laquelle des deux autres respirait Régine.

J'attendais, en regardant, quel parti je devais prendre pour me rapprocher d'elle. Aucun parti convenable ne se présentait à mon esprit.

J'étais immobile, appuyé sur ma carabine et placé derrière un tronc de dattier. Un silence profond régnait dans la forêt.

Tout à coup, des mugissements sourds retentirent au loin...

Tous les chiens grondèrent et donnèrent de la voix...

D'autres mugissements se firent entendre beaucoup plus rapprochés...

— Les léopards! — me dit vivement Tony. — Venez, mylord!

Les mugissements tonnaient plus nombreux et plus rapprochés...

Des craquements, des froissements, des bruissements éclatèrent.

Une troupe de léopards, trouant une haie et bondissant par-dessus une muraille de cactus et d'aloës, se rua sur le campement.

En un clin d'œil tous les hommes avaient été debout... Tous, le fusil à la main, étaient prêts à la défense...

Moi aussi, je m'étais élancé...

Le carnage était déjà horrible...

En Perse et dans la Mésopotamie, les léopards ont l'habitude de chasser par troupes... Ils étaient six!

Quatre hommes avaient été renversés et déchirés en un clin d'œil. Deux chevaux avaient été éventrés...

Les chiens se sauvaient, les coups de feu retentirent.

J'étais au milieu du campement... Le duc était en face de moi, son fusil à la main... Je tenais mon fusil de la main gauche et un pistolet à gros canon dans la main droite,..

Le duc s'avançait vers moi, mais un léopard se rua sur lui...

La balle de mon pistolet atteignit l'animal entre les deux yeux, mais sa patte me déchira légèrement le bras.

— Vous êtes blessé? — me cria le duc.

— Ce n'est rien! — lui dis-je.

— Tenez ferme autour de la tente de madame la duchesse! — cria le duc en s'adressant à ses Arabes.

Un autre léopard avait été tué, il en restait quatre... Ceux-là étaient furieux et se livraient à un carnage effroyable...

Le duc, Tony, mon nègre, les gens de don Paquo et moi, nous entourions la tente dans laquelle était enfermée la duchesse qui poussait des cris aigus. Elle voulait sortir.

— Ne sortez pas, madame, je vous en conjure! — lui criai-je.

C'était la première fois qu'elle entendait ma voix. Elle poussa un nouveau cri et ce fut tout.

En ce moment un cheval affolé, secouant un léopard qui lui mordait l'encolure, se précipita sur la tente... Je saisis le cheval par sa bride, et je l'arrêtai par un effort d'une violence dont je ne sais comment j'ai pu être capable. La secousse fut telle que je tombai et le léopard aussi. Seulement il tomba sur moi, lui.

Mais je sentais à peine son haleine sanglante sur mon visage, que l'animal roulait le corps traversé de part en part par un épieu.

C'était le duc qui m'avait sauvé la vie comme je venais de la lui sauver à lui-même.

Des trois autres léopards, deux se ruèrent.

J'en abattis un. L'autre tomba. C'étaient mes nègres et mes compagnons de route de peau blanche qui étaient accourus sans mes ordres, me croyant en danger et qui, dès leur début, avaient frappé à mort le féroce animal.

Il ne restait plus qu'un léopard : ce fut une chasse pour les Arabes.

Mais il y avait eu huit hommes tués et six chevaux étranglés ou éventrés.

Le duc et moi nous nous rapprochâmes, avec un même mouvement, de la tente de la duchesse.

Don Paquo me saisit la main :

— Je vous en conjure. — me dit-il, — partez sans la voir !

— Non ! — dis-je.

Don Paquo fit un geste d'impatience et de colère,

La toile de la tente se soulevait, et la duchesse, pâle et se soutenant à peine, apparut sur le seuil... Je m'élançai vers elle...

Au même instant d'autres cris de terreur éclatèrent, et une formidable bête, bondissant par-dessus la tente devant laquelle nous étions, se rua sur un Arménien et l'écharpa en deux coups de griffe....

C'était une panthère noire que l'odeur fraîche du sang répandu avait attirée...

Nous n'avions pu faire un mouvement, et un autre Arménien tomba comme frappé par la foudre...

Il n'est pas, je crois, d'animal tuant plus rapidement que la panthère noire. Son agilité, sa force et sa férocité tiennent de l'invraisemblable. Souvent un voyageur est atteint et tué par la panthère sans l'avoir vue.

Je comprenais le danger... Je m'étais jeté devant la duchesse, la couvrant de mon corps.

La panthère bondit vers nous... Je vis des hommes tomber... Un nuage de sang passa devant mes yeux. Mon fusil était déchargé... J'avais saisi mon couteau de chasse...

Comment m'y pris-je ? Je l'ignore, mais au moment où la panthère allait retomber sur Régine, je la saisis, elle, je l'enlevai dans un de mes bras, et de l'autre main je plongeai mon couteau dans le ventre de l'animal. Que se passa-t-il encore? je n'en sais rien, j'avais perdu la tête.

Tenant toujours Régine pressée contre mon cœur, je m'élançai, l'emportant dans mes bras et fuyant à toutes jambes pour la soustraire au danger...

XXVII

Le baiser.

— Quand je m'arrêtai, — poursuivit sir Williams, que Robert écoutait avec une attention profonde, — quand je m'arrêtai, je ne savais depuis combien de temps j'avais couru. J'étais au milieu d'un fourré épais... je ne voyais pas autour de moi.

J'écoutai : j'entendis les murmures d'un ruisseau. Je courus du côté d'où provenait ce bruit. J'avais repris ma liberté d'esprit.

Dans une petite éclaircie éclairée par la lune, il y avait de l'eau vive coulant en cascades.

Je tenais toujours Régine dans mes bras : elle était immobile, elle était évanouie.

Je me penchai, et la maintenant en l'enveloppant dans mon bras gauche, je trempai mon mouchoir dans l'eau du ruisseau pour lui mouiller les tempes.

Qu'elle était belle ainsi, évanouie et éclairée par le rayonnement de la lune !.. Je compris combien je l'aimais !

Une légère rougeur reparut sur ses joues. Ses paupières s'agitèrent sans cependant s'ouvrir.

J'avais les regards rivés sur elle... Je la dévorais des yeux... Sa bouche se carmina et une charmante contraction des lèvres imita à s'y méprendre la demande d'un baiser...

Pour résister à cela, il eut fallu être... ou plutôt n'être pas.

Ma tête se pencha et mes lèvres effleurèrent celles de Régine en murmurant une parole d'amour... Il me sembla que c'était le premier baiser que je donnasse.

Le corps de Régine frissonna dans mes bras : il se pencha mollement en arrière ; sa tête s'écarta doucement de la mienne :

— Oh ! — murmura-t-elle, — je suis morte !

— Morte ! vous ! — m'écriai-je. — Non ! non ! vous êtes vivante et je vous aime.

Régine ouvrit les yeux, elle me reconnut :

— Vous ! — s'écria-t-elle avec stupeur.

Elle s'échappa de mes bras.

— Mon Dieu ! — dit-elle, — où suis-je donc ? Que s'est-il passé ?...

Puis après un moment :

— Ah ! — fit-elle en pâlissant.

Elle se souvenait.

— Et le duc ? — dit-elle, — et tous ceux qui nous accompagnaient, que sont-ils devenus ?

— Je ne sais, — lui répondis-je, — je vous ai arrachée au péril dans un moment de folie...

— Mon Dieu ! mais où sommes-nous ?

Il y avait de la terreur dans sa voix, je me sentis blessé :

— Madame, — lui demandai-je, — avez-vous peur avec moi ?

— Non ! non ! — dit-elle vivement, — vous ne me comprenez pas.

Puis, changeant de ton et me saisissant les mains :

— Partez ! — dit-elle d'une voix brève. — que je ne vous revoie jamais.

— Pourquoi ? — lui dis-je.

— Il le faut !

— Je vous aime ! Ne le croyez-vous pas ?

— Si !... Et c'est pour cela qu'il faut ne plus nous revoir.

— Régine!...

Des appels nombreux et sonores coupèrent la parole sur mes lèvres... C'était mes gens et ceux du duc qui nous cherchaient...

— Partez! Que je ne vous revoie jamais! — me dit Régine. — Et votre souvenir sera toujours dans mon cœur!

Et s'arrachant de mes bras, elle se précipita dans la direction d'où partaient les cris.

XXVIII

Troisième rencontre.

— Le lendemain, — reprit sir Williams après un court silence que n'osa faire cesser M. de Montnac, — le lendemain soir j'entrai à Bassora, me demandant ce que devais faire.

Je savais que le duc et la duchesse devaient s'embarquer le lendemain.

A cinq heures du matin, à l'heure où le jour allait paraître, je parcourais ma chambre, inquiet, anxieux, indécis...

On frappa à ma porte : je fis ouvrir. Je pensais

que c'était le duc de Sandoval et je ne me trompais pas.

Notre conversation fut courte.

Deux heures après un canot me ramenait blessé et fort dangereusement même. J'avais reçu un coup d'épée en pleine poitrine.

Le soir je reçus deux lettres.

L'une du duc de Sandoval qui contenait cette simple phrase :

« *Je vous en conjure, mylord, évitons une autre rencontre : je ferai tout pour cela.* »

L'autre de la duchesse avec ces mots qui me rendirent toutes mes forces.

« *Vivez ! j'ai besoin de vous et je crois à votre amour !* »

Six semaines après je reprenais la mer.»

Sir Williams s'était arrêté. Robert le regarda.

— Et...? — dit-il.

— C'est tout? — dit sir Williams.

— Comment?

— Absolument tout! Depuis ce jour je n'avais revu ni Régine ni le duc, lorsque ce soir je les ai rencontrés à l'Opéra.

— Eh bien?

— Eh bien! je vais me battre une quatrième fois avec le duc.

Robert frappa ses mains l'une contre l'autre avec impatience :

— Mais ce sera donc ainsi toute la vie! — dit-il.

— Il paraît.

— Cependant, Williams, il faut que tout cela ait un terme.

— Oh! l'époque du terme arrivera! Tout a une fin dans les choses humaines.

Et changeant de ton :

— Il est quatre heures, mon cher Robert, — reprit sir Williams. — Don Paquo sera ici à sept heures avec le marquis de Las Amarillas, donc nous avons trois heures à nous. Désirez-vous prendre un peu de repos? préférez-vous causer? Vous plaît-il de demeurer ici? Avez-vous l'intention de rentrer chez vous? Parlez, mon cher ami. Une chambre prête, une voiture attelée sont à votre disposition, et, je suis, moi, à votre discrétion.

Le chef d'escadron d'état-major s'était levé :

— Mon cher Williams, — dit-il, — vous n'avez plus rien à m'apprendre ni à me dire concernant cette affaire ?

— Rien, absolument rien! — répondit le lord.

— Alors, je vais vous demander la permission de me retirer. Je vais retourner chez moi et prendre un costume plus convenable pour la circonstance. Je serai ici à six heures et demie.

— La voiture est à vos ordres.

Les deux hommes se serrèrent la main avec une pression sincèrement cordiale.

XXIX

Cinq heures du matin.

Cinq heures sonnaient à la pendule potiche du petit salon de l'hôtel.

Williams, assis dans un fauteuil de cuir de Cordoue, les jambes étendues sur un pouf, le coude appuyé sur le bras du fauteuil et la tête soutenue par la main droite dont les doigts pressaient convulsivement les cheveux, Williams pensait...

— Les philosophes qui nient l'amour, — dit-il, en se parlant à lui-même, — sont évidemment des hommes incomplets. La nature n'a pas achevé son œuvre en les créant. Il leur manque quelque chose. »

Il se leva.

— C'est cependant une belle passion que l'amour et une belle passion qui en enfante d'autres plus belles encore. L'amour, c'est la réalisation du rêve, et le rêve de la réalisation...

Il fit quelques pas dans le petit salon et il s'arrêta en secouant la tête :

— Ah ! j'aime la duchesse ! — reprit-il. — Oui ! je l'aime à ne jamais renoncer à elle !

Il se laissa retomber sur le fauteuil :

— M'aime-t-elle ou a-t-elle pitié de moi ? *that is the question?* Shakspeare avait dû profondément aimer, lui ! S'il était là, il m'expliquerait peut-être la situation. Que signifie leur manière d'être à tous deux ? « Si don Paquo aime sa belle-sœur, pourquoi ne l'épouse-t-il pas puisque les lois de tous les pays autorisent l'alliance ? Si elle ne l'aime pas, elle, pourquoi se laisse-t-elle mettre en esclavage par son beau-frère qui n'a aucun droit sur elle ? Si il ne l'aime pas, lui, à quel sentiment obéit-il et sous quelle influence se trouve-t-il ? »

Sir Williams secoua encore la tête sans se répondre.

— Étrange ! — dit-il.

La porte du petit salon s'entr'ouvrit, Tony entra ;

— Mylord, — dit-il.

— Qu'y a-t-il? — demanda sir Williams.

— Une lettre que l'on vient d'apporter pour mylord.

— A cette heure?

Tony présenta une lettre au noble Anglais. Williams la prit, l'ouvrit et la parcourut rapidement :

— Mon chapeau ! — dit-il vivement.

Tony présenta le chapeau et le pardessus. Williams se dirigea vers la porte :

— Dois-je accompagner mylord? — demanda Tony d'une voix qu'il s'efforçait de rendre ferme, mais qui était très-émue.

— Non, — dit sir Williams.

Tony courba la tête en étouffant un soupir de résignation douloureuse. Williams qui allait franchir le seuil de la porte, s'arrêta soudain.

— Après tout, — dit-il en souriant, — Je n'ai pas de secrets pour toi. Viens!

Tony prit la main de son maître et la baisa. Tous deux descendirent.

L'hôtel, — je crois l'avoir dit — était *rue Chateaubriand*. Williams, accompagné par Tony, s'engagea dans la *rue Balzac*, puis tournant à droite et prenant l'*avenue Byron*, il marcha d'un pas rapide vers l'Arc de Triomphe.

A l'angle formé par l'*avenue Byron* et la rue *du Bel Respiro*, stationnait une voiture.

— Attends là! — dit Williams à Tony.

Le lord se dirigea vers la voiture. Comme il arrivait à la hauteur de la portière, cette portière fut ouverte de l'intérieur.

— Montez! — dit une voix douce.

— Régine! — dit Williams en s'élançant dans l'intérieur du véhicule.

La portière se referma : La duchesse avait pris les deux mains de sir Williams :

— M'aimez-vous? — dit-elle vivement et avec un accent étrange.

Williams se pencha doucement :

— Je vous aime! — répondit-il.

Le doute n'était pas permis.

— Je vous crois, — dit simplement la duchesse, — et je suis heureuse, car moi aussi, je vous aime.

— Vous! — s'écria Williams.

— Répondez-moi! quelqu'un était avec vous, là, tout à l'heure, dans la rue?

— Oui.

— Qui cela?

— Tony.

— Appelez-le !

Williams se pencha en dehors de la portière de la voiture et fit un signe. Tony accourut.

— Le voici ! — dit-il en s'effaçant.

— Tony ! — dit la duchesse, — vous allez vous rendre immédiatement à l'hôtel Sandoval. Vous demanderez à parler à Monsieur le duc, vous lui direz que votre maître ne peut l'attendre chez lui, mais qu'il sera à huit heures précises à la porte de Villeneuve-l'Étang.

Et se retournant vers Williams :

— Quel est votre témoin ? — demanda-t-elle.

— Monsieur de Montnac, répondit Williams. — Il sera chez moi à six heures et demie.

— Tony ! — reprit Régine d'une voix assurée et ferme, — vous attendrez M. de Montnac chez mylord, vous aurez une voiture attelée et vous le conduirez à huit heures moins un quart à la porte de Villeneuve-l'Étang. Vous avez compris ?

— Parfaitement madame ? — répondit Tony.

— Allez, mon ami !

Tony s'inclina profondément et il regarda son maître ; puis il salua encore et il s'éloigna rapidement.

Régine agita violemment le cordon communiquant avec le cocher. La voiture partit emportée au grand trot.

— Mais où donc allons-nous? — dit Williams avec un peu d'inquiétude.

La duchesse se retourna vers lui :

— Ne craignez rien! — dit-elle, — je vous ai dit que je vous aimais : donc votre honneur est à moi!

— Tout ce qui est moi est à vous, madame! — dit Williams.

— Il y a six ans que vous m'aimez et que vous me le prouvez, monsieur, — dit Régine. — Douter encore serait folie. L'instant suprême est venu!

— Comment? — dit Williams.

La voiture roulait avec une telle rapidité qu'elle avait atteint déjà l'extrémité de l'avenue de l'Impératrice. Elle s'engageait dans le bois dans la direction de la porte de Boulogne.

Régine à demi tournée, était en face de Williams :

— Mylord, — dit-elle, — je vais en quelques mots vous donner l'explication d'une situation qui semble inexplicable. Ainsi que je vous l'ai dit, l'heure a sonné et nous avons à peine soixante minutes pour prendre un parti. Écoutez-moi et répondez-moi ensuite, sans hésitation et sans détour.

— J'écoute, madame.

— Don Paquo, — reprit Régine, — devait deux fois la vie à son frère le duc de Sandoval. Il professait pour ce frère aîné un culte et une affection que rien ne pouvait ébranler. Quand don Paquo vint en France demander ma main pour son frère, il m'aima. Il ne me le dit jamais, mais je le compris. Il lutta de toutes ses forces contre cet amour : il ne put triompher. Alors dans la crainte de ne pas être maître de lui-même, il s'abstint de parler, et son caractère subit cette transformation singulière dont personne que moi ne connaît le secret.

« Jamais don Paquo ne m'a dit une parole d'amour. J'ai tout deviné.

« Le duc, vous le savez, mourut le jour même de notre union. A partir de cet instant don Paquo s'attacha à mes pas et ne me quitta jamais. Et comme un jour, impatientée de cette tyrannie incessante, je lui demandai la cause de cet acharnement à s'attacher à moi, il me répondit :

« — Madame, mon frère vous aimait : j'ai juré sur sa tombe que, moi vivant, vous ne seriez jamais à un autre qu'à lui ! »

« Ces paroles de don Paquo vous expliquent tout. Ce serment, il l'avait fait ! Par respect pour le souvenir de son frère, il n'a jamais voulu m'apprendre ce qu'il éprouvait pour moi, mais ne pouvant parler, il ne veut pas que d'autres parlent. Que pensez-vous du duc de Sandoval, mylord ?

— Je pense, madame, — répondit Williams, — que c'est un homme d'un grand cœur.

— Et vous avez raison, mylord. C'est l'estime profonde que m'inspire don Paquo qui m'a fait lutter contre moi-même depuis huit ans, car cette existence est une existence d'ennui, de tristesse et de résignation. Je suis jeune, j'ai un grand nom et une immense fortune et je vis plus cloîtrée qu'une nonne au fond d'un couvent.

« Tant que mon cœur est demeuré muet, j'ai eu du courage, mais vous m'avez aimé, mylord, et il y a trois ans... près du golfe Persique, j'ai compris que, moi aussi, je vous aimais ! Depuis cet instant mon courage a faibli.

« En présence du nouveau duel qui va avoir lieu, la révolte s'est faite en moi : — Suis-je coupable ? — me suis-je écriée, — sir Williams l'est-il ? — Non ! Tous deux nous sommes nés pour être heureux. Devons-nous sacrifier ce bonheur au malheur d'un homme qui lui, quoi qu'il arrive, ne sera jamais heureux ? Je me suis dit cela, mylord, et je suis venue vous trouver. Et maintenant que vous savez tout, je vous répète ma question pour que vous répondiez avec franchise : « — M'aimez-vous ? »

Williams demeura ébloui. Régine était plus belle

qu'un ange. Dans cette énergique résolution d'une jeune femme, il y avait un reflet divin.

— Régine! — dit Williams. — Que faut-il faire à l'instant même pour vous prouver que toute la somme d'affection et de tendresse que j'ai dans le cœur est à vous?

La voiture longeait le mur de la Porte-Jaune et elle allait entrer dans le petit bois qui précède Garches.

— Mylord, — dit brusquement Régine, — en France, il faut de grandes formalités pour s'unir l'un à l'autre. Au Brésil les unions se font plus facilement : un prêtre suffit et un serment échangé devant l'autel du Seigneur est le lien indissoluble.

La voiture s'arrêtait devant la porte d'une petite chapelle appartenant à une propriété voisine.

— Là! — reprit Régine très-émue et en désignant la chapelle, — il y a un prêtre de Rio de Janeiro qui attend...

Williams s'agenouilla devant Régine : il avait des larmes plein les yeux.

— Régine! — dit-il, — j'ai pleuré deux fois en ma vie : une fois de douleur à la mort de ma mère, et une autre fois de bonheur en vous écoutant. Sur mon honneur, je vous le jure, je serai digne de vous!

La portière s'ouvrit : la porte de la chapelle était restée à demi fermée.

XXX

Je t'aime.

A huit heures moins un quart, la voiture s'arrêtait à une courte distance de la porte de Villeneuve-l'Étang.

Williams et Régine se tenaient les mains :

— Williams, — dit la jeune femme dont les yeux étincelaient, — allez vous battre : votre honneur l'exige, mais pensez à moi ! Ordonnez à Tony, si vous êtes tué, de vous rapporter dans cette voiture : je vous attends. De toutes façons, Williams, nous partirons ensemble. Si Dieu qui vient de bénir notre union est pour nous, nous irons chercher le bonheur loin d'ici; si vous succombez, je vous suivrai encore!

Et Régine dégraffant son corsage, prit un petit sachet suspendu à un cordon de soie :

— Ce poison est infaillible! — dit-elle.

Williams se pencha vers elle en lui prenant les mains dans les siennes :

— Si je meurs?... — dit-il.

— Je mourrai! — répondit Régine.

Ils se regardèrent fixement : puis un attrait magnétique les attira l'un vers l'autre :

— Je t'aime! — murmurèrent-ils tous deux.

Et les lèvres, s'unissant dans une amoureuse étreinte, étouffèrent la parole passionnée dans un baiser plus passionné encore.

Huit heures sonnèrent : Williams s'arracha des bras de Régine et il s'élança hors de la voiture :

— Mort ou vivant, — dit Régine, — Je t'attends ici pour partir avec toi!

XXXI

Quatrième rencontre.

Robert de Montnac attendait sir Williams à la porte de Villeneuve :

— Le duc de Sandoval et son témoin viennent d'arriver, — dit le chef d'escadron.

— Ou sont-ils ? — demanda sir Williams.

— Dans le petit bois.

— Venez !

— Encore un mot, Williams ! vous allez me laisser traiter avec M. de Las Amarillas les conditions du combat.

— Faites ce que vous voudrez, Robert. Je m'en rapporte à vous.

Quelques minutes après, sir Williams et le duc de Sandoval étaient en présence au milieu d'une petite clairière. Robert de Montnac et le marquis de Las Amarillas causaient à voix basse à peu de distance.

La conversation ne fut pas longue. Tous deux revinrent vers les deux adversaires qui s'étaient salués, mais qui n'avaient pas échangé une parole.

— Messieurs, — dit Robert, — puisque vous nous avez laissés maîtres de régler les conditions du combat, voici ce que monsieur le marquis de Las Amarillas et moi avons décidé. L'arme est le pistolet : la distance trente pas et vous tirerez ensemble au troisième coup frappé dans ma main. Cela vous convient-il, messieurs?

— Très-bien ! — dit le duc.

— Parfaitement ! — ajouta le lord.

Les deux témoins choisirent le terrain, se placèrent dos à dos et comptèrent chacun quinze pas. Ils marquèrent le point d'arrêt en plaçant un mouchoir sur le gazon.

Ensuite, ils ouvrirent une boîte de pistolets et le marquis prit les deux armes qu'il présenta à Robert :

— Ces pistolets sont absolument neufs ! — dit-il.
Robert s'inclina.

Les deux témoins prirent chacun un pistolet qu'ils chargèrent, puis ils échangèrent poliment les armes.

Williams et don Paquo furent placés. Robert et le marquis leur remirent à chacun le pistolet que chacun d'eux portait. Puis ils se reculèrent :

L'instant était suprême...

Robert écartait les mains : il allait frapper le premier coup... Williams l'arrêta du geste.

— Monsieur de Sandoval ! — dit le lord avec un grand air de noblesse, — avant que nous tirions l'un sur l'autre, j'ai quelques mots à vous dire.

— A vos ordres ! — dit le duc en s'avançant vers son adversaire.

— Devons-nous assister à l'entretien ? — demanda Robert de Montnac.

— Oui ! — dit Williams.

Les deux témoins s'approchèrent.

— Monsieur le duc, — commença Williams d'un ton grave et solennel, — nous nous connaissons assez tous deux pour que je puisse dire, sans crainte d'être désapprouvé par vous, que nous ressentons l'un pour l'autre une profonde et respectueuse estime et que, lorsque nous ne sommes pas face à face l'épée ou le pistolet au poing, nous tenons à honneur de nous serrer la main.

— Monsieur, — reprit le duc, — je vous ai dit souvent et je vous répète encore, que mon plus ardent désir serait de n'avoir jamais eu en vous un adversaire, mais un ami.

— C'est parce que je sais que vous pensez cela, monsieur de Sandoval, et parce que je le pense aussi, que j'ai pris la résolution de vous parler comme je le fais. Il y a six ans que j'ai rencontré, pour la première fois, la duchesse de Sandoval, votre belle-sœur, la veuve de don Francesco. Depuis cette époque de notre première rencontre et de notre premier duel, j'aime madame de Sandoval et j'ai tout fait durant ces six années pour me rapprocher d'elle et pour demander et obtenir sa main, mais une succession d'obstacles s'est constamment dressée pour m'empêcher d'accomplir mes volontés.

— Cela n'a aucun rapport, permettez-moi de vous le dire, avec le combat qui va avoir lieu ! — fit observer le duc.

— Pardonnez-moi : cela a un rapport direct au contraire. Écoutez-moi bien, monsieur de Sandoval, je vais vous donner la plus grande preuve d'estime qu'un homme puisse donner à un autre. Cette nuit, à cinq heures du matin, madame la duchesse m'a envoyé chercher. Elle m'attendait dans sa voiture. Une courte et rapide explication a eu lieu entre nous. A la suite de cette explication, nous nous sommes rendus à la chapelle de Villeneuve-l'Étang où nous attendait un prêtre brésilien. La duchesse étant Brésilienne et moi fils de l'Angleterre, nous avons pu nous unir en France sans suivre les lois françaises. Depuis une heure, madame la duchesse, veuve de Sandoval, est lady Staunty. Elle m'attend dans sa voiture à la porte de Villeneuve, Si je suis tué, je prie M. de Montnac de porter mon cadavre dans la voiture. Lady Staunty le veut. Et moi mort, elle s'empoisonnera en face de mon cadavre. Le poison est entre ses mains!

Le duc de Sandoval, les bras croisés, son pistolet armé dans la main droite, avait écouté sir Williams avec une impassibilité de glace.

— Je n'ai pas fini, — reprit sir Williams. — J'ai à vous exposer nettement et jusqu'au bout la situation. Si vous me tuez, vous savez ce qui arrivera. Si, au contraire, je vous tue, le bonheur sera à jamais entaché pour moi et pour elle.

Et se reculant de deux pas :

— Vous êtes la loyauté même, monsieur le duc,

— continua Williams, — je m'en rapporte entièrement à votre cœur et à votre esprit. Ce que vous allez décider, je le ferai. Que décidez-vous?

Sir Williams attendit.

Les deux témoins se regardaient avec une expression de profond étonnement.

Don Paquo était immobile comme une statue. Il demeura ainsi deux minutes qui parurent deux siècles.

Enfin, décroisant lentement les bras :

— Sir Williams, — dit-il, — je comprends tout ce qui se passe en vous, comme vous comprenez tout ce qui se passe en moi. Vous venez de faire jaillir la lumière dans mon âme. Je n'ai pas droit, moi, d'exiger un double sacrifice qui ne pourrait même constituer mon bonheur. En parlant comme vous venez de le faire, vous vous êtes adressé à ma loyauté et vous avez bien fait. Après ce qui vient d'avoir lieu, si je vous tuais, ce serait une mauvaise action! Vivez, Williams, et soyez heureux! Vous êtes le seul homme pour lequel j'ai eu une estime entière... et en voici la preuve...

Don Paquo avait saisi la main droite de sir Williams avec sa main gauche. Il étreignit cette main avec une énergie suprême, puis, avec un geste plus rapide que la pensée, il leva le bras droit, et pressant le canon de son pistolet entre ses dents, il lâcha la détente. . . . .

XXXII

Huit mois après.

Huit mois s'étaient écoulés. On était en décembre, le premier jour du mois, et le Tigre et l'Euphrate menaçaient d'inondation tout le pays qui s'étend de Bagdad à Bassora.

— Quand je disais que ce pays était le Paradis terrestre, j'avais raison, Régine. Seulement en voulant nous embarquer à Bassora, tu joues exactement le rôle de l'ange chassant Adam du Paradis.

— Puisqu'il va être inondé le Paradis, — dit Régine en se rapprochant de Williams, — il est temps de l'abandonner.

Et changeant de ton brusquement :

— Ah ! — dit-elle, — voici la place !

Et elle désignait avec l'extrémité du manche de corail de son fouet de chasse, une petite clairière au centre de laquelle coulait un ruisseau limpide.

— C'est là, — dit-elle, — où vous m'avez emportée après avoir tué deux léopards et une panthère noire qui voulaient me manger...

— C'est là, Régine, — dit Williams en prenant sa femme dans ses bras, — c'est là où j'ai compris combien je t'aimais !

— C'est aussi là que je l'ai su, moi, que je vous aimais !

Williams avait enlevé sa femme dans ses bras :

— Je te tenais ainsi, — reprit-il, — je bassinais ton front avec l'eau de ce ruisseau... mon cœur ne battait plus... quand tes lèvres frémirent... Oh ! alors je te sentis vivre, Régine, et emporté par l'amour, j'osai te dire : *je vous aime !* dans un baiser.

— Alors, — dit Régine en souriant et en penchant coquettement son adorable tête, — vous aviez tué cette nuit-là deux léopards et une panthère...

— Pour un baiser !

FIN.

TABLE

Chapitres			Pages
—	I	A l'Opéra!	5
—	II	Le coin de droite.	19
—	III	La loge de balcon de gauche.	39
—	IV	Dans le couloir.	57
—	V	Le troisième acte.	61
—	VI	La sortie.	71
—	VII	Le Spleen.	75
—	VIII	La porte de la mort.	87
—	IX	Sur le bateau.	97
—	X	On couche à Coblentz.	109
—	XI	Le coup de filet.	113
—	XII	Don Paquo.	121
—	XIII	Le myosotis.	129
—	XIV	Les oranges d'Alicante et les oranges de Malte.	313
—	XV	Première rencontre	143
—	XVI	La lettre.	151
—	XVII	Les dents de l'amour.	157
—	XVIII	Un coup de mer.	167
—	XIX	Le matelot.	175
—	XX	Je vous aime!	187
—	XXI	Deuxième rencontre.	193
—	XXII	Deux ans et vingt-quatre jours.	201
—	XXIII	Au Montanvers.	215
—	XXIV	La Fontaine de Vaucluse	223
—	XXV	Route de Damas.	229
—	XXVI	Plaisir de se revoir.	241
—	XXVII	Le baiser	253
—	XXVIII	Troisième rencontre	257
—	XXIX	Cinq heures du matin	261
—	XXX	Je t'aime	271
—	XXXI	Quatrième rencontre.	273
—	XXXII	Huit mois après	281

FIN DE LA TABLE.

www.ingramcontent.com/pod-product-compliance
Lightning Source LLC
Chambersburg PA
CBHW050633170426
43200CB00008B/1002